Loues Labor's lost
Verlorene Liebesmüh

William Shakespeare

Loues Labor's lost
Verlorene Liebesmüh

(VERLORENE LIEBESMÜH war der zweite Teil einer Shake-speare-Trilogie am Schauspiel Köln, die in drei aufeinander folgenden Spielzeiten erarbeitet wurde. Der erste Teil bestand in LEBEN UND STERBEN DES KÖNIGS JOHN, der dritte in der Uraufführung des neu zum »Shakespeare-Kanon« gezählten Stücks DIE REGIERUNG DES KÖNIGS EDWARD III. Beide Texte werden in dieser Ausgabe erscheinen.)

Titelbild:
Hans-Werner Leupelt (Berowne)
Schauspiel Köln, Spielzeit 2000/01
Regie Frank-Patrick Steckel

Rückseite: Karl Kraus, Postskriptum zum letzten Brief an Sidonie Nádherny vom 15./16.5.1936
aus: Karl Kraus, Briefe an Sidonie Nádherny von Borutin 1913-1936
Hg. von Friedrich Pfäfflin © Wallstein Verlag, Göttingen 2005
Reproduktion mit freundlicher Genehmigung
des Brenner-Archivs, Universität Innsbruck

Bühnenrechte beim Verlag der Autoren

© Verlag Uwe Laugwitz,
D-21244 Buchholz in der Nordheide, 2015

ISBN 9873-933077-40-0

Inhalt

Loues Labor's lost

Verlorene Liebesmüh

Enter Ferdinand K. of Nauar, Berowne,
Longauill, and Dumaine.

Ferdinand.

　　LET Fame, that all hunt after in their lyues,
　　Liue registred vpon our brazen Tombes,
　　And then grace vs, in the disgrace of death:
　　When spight of cormorant deuouring Time,
　　Thendeuour of this present breath may buy:
　　That honour which shall bate his sythes keene edge,
　　And make vs heires of all eternitie.
　　Therefore braue Conquerours, for so you are,
　　That warre agaynst your owne affections,
　　And the hudge armie of the worldes desires.
　　Our late edict shall strongly stand in force,
　　Nauar shall be the wonder of the worlde.
　　Our Court shalbe a lytlle Achademe,
　　Still and contemplatyue in lyuing art.
　　You three, *Berowne, Dumaine,* and *Longauill,*
　　Haue sworne for three yeeres tearme, to liue with me:
　　My fellow Schollers, and to keepe those statutes
　　That are recorded in this sedule here.
　　Your othes are past, and now subscribe your names:
　　That his owne hand may strike his honour downe,
　　That violates the smallest branch herein.
　　If you are armd to do, as sworne to do,
　　Subscribe to your deepe othes, and keepe it to.
Longauill.　I am resolued, tis but a three yeeres fast:
　　The minde shall banquet, though the body pine,
　　Fat paunches haue leane pates: and daynty bits

Erster Akt 1. Szene

Ferdinand, König von Navarra. Berowne, Longaville, Dumain.

KÖNIG Laßt Ruhm, dem alle Welt im Leben nachjagt,
    Auf unsern Gräbern eisern stehn verzeichnet,
    Und so uns ehren in des Todes Schmach;
    Da, zum Verdruß des Allesfressers Zeit,
    Die Mühsal, die wir atmend auf uns nehmen,
    Uns Achtung kauft, die seine Sichel stumpf macht,
    Und uns zu Erben einer Ewigkeit.
    Darum, Eroberer – denn solches seid ihr,
    Die ihr die eigene Begier bekriegt
    Und die gewaltige Armee der Weltlust –
    Tritt, was wir beschlossen, nun in Kraft:
    Navarra wird die Welt zum Staunen bringen;
    Mein Hof wird eine Kleinakademie,
    Kontemplativ und still dem Wissen lebend.
    Ihr drei, Berowne, Dumain und Longaville,
    Ihr schwurt, drei Jahre bei mir zu verweilen,
    Mit-Wissende, die jene Regel achten,
    Die festgehalten ist in diesem Buch:
    Geleistet sind die Eide, unterschreibt nun,
    Daß seine Hand jedwede Ehre dem raubt,
    Der nur den kleinsten Punkt hierin verletzt: –
    Seid ihr gefaßt, zu tun, wie ihr geschworen,
    So unterschreibt und geht der Welt verloren.
LONGAVILLE Ich bin entschlossen; 's gilt, drei Jahr zu fasten:
    Vernunft wird tafeln, ob der Leib auch darbt:
    Bauch voll, Kopf leer, und allzeit gut gespeist

Make rich the ribbes, but bancrout quite the wits.

Dumaine My louing Lord, *Dumaine* is mortefied,
    The grosser manner of these worldes delyghts:
    He throwes vppon the grosse worlds baser slaues
    To loue, to wealth, to pome, I pine and die,
    With all these lyuing in Philosophie.

Berowne. I can but say their protestation ouer,
    So much deare Liedge, I haue already sworne,
    That is, to lyue and study heere three yeeres.
    But there are other strickt obseruances:
    As not to see a woman in that terme,
    Which I hope well is not enrolled there.
    And one day in a weeke to touch no foode:
    And but one meale on euery day beside:
    The which I hope is not enrolled there.
    And then to sleepe but three houres in the nyght,
    And not be seene to wincke of all the day.
    When I was wont to thinke no harme all nyght,
    And make a darke nyght too of halfe the day:
    Which I hope well is not enrolled there.
    O these are barraine taskes, too hard to keepe,
    Not to see Ladyes, study, fast, not sleepe.

Ferd. Your othe is past, to passe away from these.

Berow. Let me say no my liedge, and yf you please,
    I onely swore to study with your grace,
    And stay heere in your Court for three yeeres space.

Longa. You swore to that *Berowne*, and to the rest.

Bero. By yea and nay sir, than I swore in iest.
    What is the ende of study, let me know?

Ferd. Why that to know which else we should not know.

Ber. Things hid & bard (you meane) from cammon sense.

Ferd. I, that is studies god-like recompence.

Bereichert Rippen, doch verarmt den Geist.

DUMAIN Mein teurer Fürst, Dumain ist abgetötet:
Den groben Reiz der Freuden dieser Welt
Läßt er den Knechten dieser groben Welt:
Der Lust, dem Prunk, dem Wohlstand sterbe ich;
Philosophie mit euch ererbe ich.

BEROWNE Ich kann nur ihr Beteuern wiederholen;
Soviel, mein Fürst, schwur ich bereits, als nämlich
Drei Jahre hier zu leben und zu lernen.
Doch sind mehr strenge Regeln zu befolgen;
Wie all die Zeit nicht eine Frau zu sehn,
Was hoffentlich da nicht geschrieben steht:
Und einmal in der Woche nicht zu essen,
Und ferner eine Mahlzeit nur am Tag;
Was hoffentlich da nicht geschrieben steht:
Und dann des Nachts drei Stunden nur zu schlafen,
Und über Tag kein kleinstes Nickerchen,
Wo ich den Schlaf schlief des Gerechten nächtlich,
Und meinen Tag noch halb der Nacht zuschlug;
Was hoffentlich da nicht geschrieben steht.
O harte Bürde, wie soll man das machen,
Keine Frauen, lernen, fasten, wachen.

KÖNIG Eur Eid ist abgelegt, das abzulegen.

BEROWNE Fürst, mit Vergunst, ich setz ein Nein dagegen.
Ich schwor, mich philosophisch zu befassen,
Und euren Hof drei Jahr nicht zu verlassen.

KÖNIG Das schwurst du wohl, Berowne, doch nicht nur das.

BEROWNE Bei Ja und Nein, Sir, dann schwur ich zum Spaß.
Könnt Ihr mir wohl das Ziel des Forschens nennen?

KÖNIG Erkennen, was wir anders nicht erkennen.

BEROWNE Dinge, die der Masse sich verschließen?

KÖNIG Ja, das wird uns als Götterlohn ersprießen.

Bero. Com'on then, I will sweare to study so,
　　To know the thing I am forbid to know:
　　As thus, to study where I well may dine,
　　When I to fast expressely am forbid.
　　Or studie where to meete some Mistris fine.
　　When Mistresses from common sense are hid.
　　Or hauing sworne too hard a keeping oth,
　　Studie to breake it, and not breake my troth.
　　If studies gaine be thus, and this be so,
　　Studie knowes that which yet it doth not know,
　　Sweare me to this, and I will nere say no.
Ferd. These be the stopps that hinder studie quit,
　　And traine our intelects to vaine delight.
Bero. Why? all delightes are vaine, but that most vaine
　　Which with payne purchas'd, doth inherite payne,
　　As paynefully to poare vpon a Booke,
　　To seeke the lyght of trueth, while trueth the whyle
　　Doth falsely blinde the eye-sight of his looke:
　　Light seeking light, doth light of light beguyle:
　　So ere you finde where light in darknes lyes,
　　Your light growes darke by loosing of your eyes.
　　Studie me how to please the eye in deede,
　　By fixing it vppon a fayrer eye,
　　Who dazling so, that eye shalbe his heed,
　　And giue him light that it was blinded by.
　　Studie is lyke the heauens glorious Sunne,
　　That will not be deepe searcht with sawcie lookes:
　　Small haue continuall plodders euer wonne,
　　Saue base aucthoritie from others Bookes.
　　These earthly Godfathers of heauens lights,
　　That giue a name to euery fixed Starre,
　　Haue no more profite of their shyning nights,

BEROWNE Na denn, so schwör ich, ich studiere heiß
All das, von dem man wünscht, daß ichs nicht weiß;
Zum Beispiel, wo ein gutes Essen winkt,
Wenns mir strengs untersagt ist, zu genießen;
Wie es der Mensch zu einer schönen Frau bringt,
Da schöne Fraun der Menge sich verschließen;
Kurz, wie ich den Eid, zu schwer auf Erden,
Wohl breche, ohne untreu mir zu werden.
Ist das ein Studienziel, soll das eins sein,
Schließt unser Studium diese Fächer ein,
Dann schwöre ich, und sag mitnichten Nein.
KÖNIG Durch all dies wird Erkenntnis uns verhüllt,
Und uns der Geist mit leerem Tand erfüllt.
BEROWNE 's ist alles Tand, vor allem das ist Tand,
Was mit viel Müh zu neuer Mühe fand:
Wie mühselig vor einem Buch zu gähnen,
Das Licht der Wahrheit suchend, welches Licht
Bewirkt, daß uns alsbald die Augen tränen:
Licht sucht Licht, bis es an Licht gebricht;
Und eh ihr noch das Licht im Dunkel findet,
Erlischt Eur Licht, weil euch das Aug erblindet.
Lehrt mich, dem Auge wahrhaft wohlzutun,
Indem wir es zu schönren Augen wenden;
An ihrem Strahlenglanz erfährt es nun
Wie Licht erleuchtet ohne uns zu blenden.
Gelahrtheit gleicht des Himmels großer Sonne,
Die man mit frechen Blicken nicht ermißt;
Gar wenig schafft euch Hirnarbeitern Wonne,
Was ihr doch nur aus fremden Büchern wißt.
Die irdschen Paten dieser Himmelsfunken,
Die jedem Stern gleich einen Namen geben,
Begreifen mehr nicht durch sein nächtlich Prunken,

Then those that walke and wot not what they are.
Too much to know, is to know nought but fame:
And euery Godfather can giue a name.

Ferd. How well hees read to reason against reading.

Dum. Proceeded well, to stop all good proceeding.

Lon. He weedes the corne, & still lets grow the weeding.

Ber. The Spring is neare when greene geese are a bree-

Duma. How followes that? (ding.

Ber. Fit in his place and tyme.

Duma. In reason nothing.

Bero. Something then in rime.

Ferd. Berowne is like an enuious sneaping Frost,
That bites the first borne infants of the Spring.

Bero. Well, say I am, why should proude Sommer boast,
Before the Birdes haue any cause to sing?
Why should I ioy in any abhortiue byrth?
At Christmas I no more desire a Rose,
Then wish a Snow in Mayes new fangled showes:
But like of each thing that in season growes.
So you to studie now it is too late,
Clymbe ore the house to vnlocke the little gate.

Ferd. Well, sit you out: go home *Berowne*: adue.

Bero. No my good Lord, I haue sworne to stay with you.
And though I haue for barbarisme spoke more
Then for that Angell knowledge you can say,
Yet confident Ile keepe what I haue sworne,
And bide the pennance of each three yeeres day.
Giue me the paper, let me reade the same,
And to the strictest decrees Ile write my name.

Fer. How well this yeelding rescewes thee from shame.

Ber. *Item*, That no woman shall come within a myle of
my Court. Hath this bin proclaymed?

Als sie, die wissensdumm darunter leben.
Wer zuviel weiß, weiß bald nichts mehr als Ruhm,
Vor angemaßtem Namenschöpfertum.
KÖNIG So buchklug gegen Bücher uns zu wüten!
DUMAIN Gelehrt Gelehrsamkeit uns zu verbieten!
LONGAVILLE Er jätet Korn, das Unkraut zu behüten.
BEROWNE Der Frühling naht, wenn Vorjahrsgänse brüten.
DUMAIN Wieso jetzt das?
BEROWNE   's paßt, zeitlich und lokal.
DUMAIN Dem Sinn nach nicht.
BEROWNE   Dem Reim nach allemal.
KÖNIG Berowne fällt wie ein eifersüchtger Frost
   Des Frühlings erstgeborne Kinder an.
BEROWNE Und wenn – kommt euch vom stolzen Sommer
   Vor noch die erste Schwalbe fliegen kann?   [Post,
   Was soll mir die unzeitige Geburt?
   Zur Weihnachtszeit will ich nicht Rosen sehn,
   Noch Schnee, wenn Baum und Strauch in Blüte stehn,
   Ein jedes soll zu seiner Zeit ergehn.
   Dem gleicht ihr, zum Studieren zu verwettert,
   Der übers Dach zur Hintertüre klettert.
KÖNIG Gut, du fällst ab: dann geh, Berowne. Adieu.
BEROWNE Nein, bester Herr; ich schwur nicht, daß ich geh:
   Sprach ich auch mehr der Barbarei zulieb,
   Als ihr dem Engel Geist nachsagen könnt,
   Vergaß ich nicht, was mir zu halten blieb,
   Und will, daß man mir drei Jahr Strafe gönnt.
   Gebt mir das Buch; ich lese noch darin,
   Und gleich, wie streng, ich setz den Namen hin.
KÖNIG So einzulenken, reicht dir zum Gewinn!
BEROWNE *liest* »Item, daß keine Frau meinem Hof näher
   kommen soll als eine Meile« – ward das schon ausgerufen?

Long. Foure dayes ago.

Ber. Lets see the penaltie. On payne of loosing her tung.
   Who deuis'd this penaltie?

Long. Marrie that did I.

Bero. Sweete Lord and why?

Long. To fright them hence with that dread penaltie.
   A dangerous law against gentletie.
   Item, Yf any man be seene to talke with a woman within
   the tearme of three yeeres, he shall indure such publique
   shame as the rest of the Court can possible deuise.

Ber. This Article my liedge your selfe must breake,
   For well you know here comes in Embassaie,
   The French kinges daughter with your selfe to speake:
   A Maide of grace and complet maiestie,
   About surrender vp of *Aquitaine,*
   To her decrepit, sicke, and bedred Father.
   Therefore this Article is made in vaine,
   Or vainely comes th'admired Princesse hither.

Ferd. What say you Lordes? why, this was quite forgot.

Ber. So Studie euermore is ouershot,
   While it doth studie to haue what it would,
   It doth forget to do the thing it should:
   And when it hath the thing it hunteth most,
   Tis won as townes with fire, so won so lost.

Fer. We must offorce dispence with this Decree,
   Shee must lie heere on meere necessitie.

Ber. Necessitie will make vs all forsworne
   Three thousand times within this three yeeres space:
   For euery man with his affectes is borne,
   Not by might mastred, but by speciall grace.
   If I breake fayth, this word shall speake for me,

LONGAVILLE Vor vier Tagen.

BEROWNE Wenn aber doch, was dann – »bei Strafe, ihre
Zunge zu verlieren.« Wer hat das Strafmaß festgesetzt?

LONGAVILLE Nun, das war ich.

BEROWNE Werter Lord, was spornte dich?

LONGAVILLE Sie durch die Strafe gründlich abzuschrecken.

BEROWNE Die Lebensart bekommt Gefahr zu schmecken. *Liest.*
»Item, daß, wenn ein Mann innert dreier Jahre im Ge-
spräch mit einer Frau betroffen wird, er solche öffentliche
Schmähung erleiden soll, wie sie der übrige Hof nur ir-
gend zu erfinden vermag.«
Den Punkt, mein Fürst, müßt Ihr selbst nötig brechen;
Denn Ihr wißt ja, in Gesandtschaft reist
Frankreichs Prinzessin an, mit Euch zu sprechen –
Ein Fräulein mit viel Majestät und Geist –
Ob Ihr dem greisen, kränkelnden Papa
Gewillt seid, Aquitanien abzutreten:
Somit steht der Artikel sinnlos da,
Oder sie ward sinnlos hergebeten.

KÖNIG Was nun, ihr Herrn? Wie uns das auch entfiel!

BEROWNE So schießt der Wissensdrang stets übers Ziel:
Darein verbohrt, zu kriegen, was er wollte,
Vergißt er ganz, zu tun, was er tun sollte;
Und hat er endlich, wonach er gejagt,
Gleicht es der Stadt, die auf in Trümmern ragt.

KÖNIG Der Punkt entfällt, wenn auch nur notgedrungen;
Sie zu empfangen, sind wir ja gezwungen.

BEROWNE Und notgedrungen falln wir alle ab,
Dreitausend mal, noch eh drei Jahre um;
Der Mensch steigt mit Affekten noch ins Grab,
Und Gnade, Willkür nicht, biegt grad, was krumm.
Brech ich den Eid, gebt diesem Worte Zungen:

I am forsworne on meere necessitie.
So to the Lawes at large I write my name,
And he that breakes them in the least degree,
Standes in attainder of eternall shame.
Suggestions are to other as to me:
But I beleeue although I seeme so loth,
I am the last that will last keepe his oth.
But is there no quicke recreation graunted?
Ferd. I that there is, our Court you know is haunted
With a refined trauailer of Spaine,
A man in all the worldes new fashion planted,
That hath a mint of phrases in his braine:
On who the musique of his owne vaine tongue
Doth rauish like inchannting harmonie:
A man of complements whom right and wrong
Haue chose as vmpier of their mutenie.
This childe of Fancie that *Armado* hight,
For interim to our studies shall relate,
In high borne wordes the worth of many a Knight:
From tawnie Spaine lost in the worldes debate.
How you delight my Lords I know not I,
But I protest I loue to heare him lie,
And I will vse him for my Minstrelsie.
Bero. *Armado* is a most illustrious wight,
A man of fier new wordes, Fashions owne knight.
Lon. *Costard* the swaine and he, shalbe our sport,
And so to studie three yeeres is but short.
          Enter a Constable with Costard with a letter.
Constab. Which is the Dukes owne person?
Ber. This fellow, What would'st?
Const. I my selfe reprehend his owne person, for I am his
     graces Farborough: But I would see his owne person

Meineidig wurde er nur notgedrungen.
So unterschreib ich die Gebote, alle;
Und will, daß, wer sie im Geringsten bricht,
Gleich ewger Schande vor der Welt verfalle:
Nur mir allein naht die Versuchung nicht;
Doch denk ich, scheine ich jetzt auch geneigt,
Ich bins zuletzt, der Lust zum Eidbruch zeigt.
Doch wird uns keine Aufmuntrung gewährt?
KÖNIG O doch, es wird. Am Hof, ihr wißts, verkehrt
Ein Reisender aus Spanien, höchlich edel,
Ein Mann, mit neuen Moden ganz bewehrt
Und einem Phrasenmünzamt in dem Schädel;
Ihn entzückt die eigne Zunge, plappernd,
Wie eine Harmonie bezaubernd schön;
Geschmackvoll und Geschmacklos haben klappernd
Als Schauplatz ihres Kriegs ihn ausersehn:
Der surreale Herr, Don Armado mit Namen,
Soll nach den Studien uns amüsieren,
Mit heldisch rezitierten Ritterdramen
Uns in sein goldnes Spanien entführen.
Vielleicht vermögt ihr, Lords, ihn nicht zu schätzen;
Mich kann der Prahlhans allerdings ergötzen,
Und er muß meine Sänger mir ersetzen.
BEROWNE Ein ganz illustrer Knabe ist Armado,
Ein Modenritter und Geschwätztornado.
LONGAVILLE Er und der Schafhirt Costard sind die Narren,
So wirds nicht lang, drei Jahre auszuharren.
Dull, mit einem Brief. Costard.
DULL Welche ist die eigene Person des Königs?
BEROWNE Diese, Freundchen. Was willst denn du?
DULL Ich durch meine Person reprävientiere seine eigene
Person, denn ich bin dero Gnaden Hauptmachtmeister:

in flesh and blood.

Ber. This is he.

Const. Signeour *Arme Arme* commendes you:
  Ther's villanie abrod, this letter will tell you more.

Clowne. Sir the Contempts thereof are as touching me.

Fer. A letter from the magnifisent *Armado.* (words.

Bero. How low so euer the matter, I hope in God for high

Lon. A high hope for a low heauen. God grant vs patience

Ber. To heare, or forbeare hearing.

Lon. To heare meekely sir, and to laugh moderatly, or
  to forbeare both.

Bero. Well sir, be it as the stile shall giue vs cause to clime
  in the merrines.

Clow. The matter is to me sir, as concerning *Iaquenetta*:
  The manner of it is, I was taken with the manner.

Bero. In what manner?

Clow. In manner and forme folowing sir all those three.
  I was seene with her in the Manner house, sitting with her
  vppon the Forme, and taken following her into the Parke:
  which put togeather, is in manner and forme following.
  Now sir for the manner, It is the manner of a man to speake
  to a woman, for the forme in some forme.

Ber. For the following sir.

Clow. As it shall follow in my correction, and God defend
  the right.

Ferd. Will you heare this Letter with attention?

Bero. As we would heare an Oracle.

aber ich muß seine eigene Person aus Fleisch und Blut sehn.

BEROWNE Das ist er.

DULL Signior Arm –, Signior Rama – er wünscht Euch Hoch-
achtung. Es ist Schurkerei im Gang: der Brief hier sagt Euch
mehr.

COSTARD Sir, die Hochverachtung da drin geht als mich an.

KÖNIG Ein Brief des glorreichen Armado.

BEROWNE Wie dürftig der Inhalt immer sein mag, ich hoffe zu
Gott auf prachtvolle Wendungen.

LONGAVILLE Eine prachtvolle Hoffnung auf einen dürftigen
Himmel: gebe Gott uns Kraft!

BEROWNE Zu lauschen? Oder dem Lauschen zu entsagen?

LONGAVILLE In Demut zu lauschen, Sir, und in Maßen zu lachen; oder beidem zu entsagen.

BEROWNE Alsdann, Sir, erklimmen wir die Gipfel der Heiterkeit wie der Stil uns treibt.

COSTARD Der Inhalt da bin als ich, Sir, wo sichs um diese
Jacquenetta dreht. Der Sachverhalt is, sie ham mich beim
Sachverhalt erwischt.

BEROWNE Bei welchem Sachverhalt?

COSTARD Beim folgenden Sachverhalt, Sir, alles drei: ich bin
als gesehn worn, wie ich ihr bei den Sachen war, da hab
ichs mir verhalten, aber erwischt bin ich danach worn beim
Ihrimgebüschfolgen; was, packt man alles zusammen, einen
folgenden Sachverhalt macht. Was nu die Sachen angeht,
Sir, das is als Sache bei Mann und Frau; und wegen dem
Verhalten – so verhält sichs.

BEROWNE Und was das Folgende betrifft, Sir?

COSTARD Das sind die folgenden Anstalten zu meiner
Besserung; und schütze Gott das Recht!

KÖNIG Seid ihr gewillt, den Brief zu würdigen?

BEROWNE Wie einen Orakelspruch.

Clow. Such is the sinplicitie of man to harken after the flesh

Ferd. GReat Deputie the welkis Vizgerent, and sole dominatur of
Nauar, *my soules earthes God, and bodies fostring patrone:*

Cost. Not a worde of *Costart* yet.
Ferd. *So it is*
Cost. It may be so: but if he say it is so, he is in telling true:
but so.
Ferd. Peace.
Clow. Be to me, and euerie man that dares not fight.
Ferd. No wordes.
Clow. Of other mens secrets I beseech you.
Ferd. *So it is besedged with sable coloured melancholie, I did
commende the blacke oppressing humour to the most holsome
phisicke of thy health-geuing ayre: And as I am a Gentleman,
betooke my selfe to walke: the time When? about the sixt houre,
When Beastes most grase, Birdes best peck, and Men sit downe
to that nourishment which is called Supper: So much for the time
When. Now for the ground Which? which I meane I walkt
vpon, it is ycliped Thy Park. Then for the place Where? where I
meane, I did incounter that obseene & most propostrous euent
that draweth frõ my snowhite pen the ebon coloured Incke, which
here thou viewest, beholdest, suruayest, or seest. But to the place
Where? It standeth North North-east & by East from the West
corner of thy curious knotted garden; There did I see that low
spirited Swaine, that base Minow of thy myrth,*

COSTARD Das is als das Dumme, daß der Mensch nach dem Fleisch horcht.

KÖNIG *liest* »Großer Bevollmächtigter, des Himmelszelts Vizeregent und einziger Herrscher Navarras, meiner Seele Erdengott und meines Leibes freigebiger Mäzen.«

COSTARD Kein Wort von Costard.

KÖNIG »So war es —«

COSTARD Kann als sein, daß es so war; bloß wenn er sagt, so wars, dann is er, im Wieswarsagen, bloß so, so.

KÖNIG Friede!

COSTARD Mir und alln, die sich nich schlagen traun.

KÖNIG Kein Wort mehr!

COSTARD Von andrer Leuts Privatleben, wenn ich als bitten darf.

KÖNIG »So war es, bestürmt von trauerfarbener Melancholie, setzte ich die schwärzlich drückenden Säfte der höchst bekömmlichen Physik Eurer lebenspendenden Frischluft aus; und, inbetracht ich ein Gentleman bin, nahm ich meine Zuflucht zu einem Spaziergang. Die Stunde welche? Um die sechste; wannen das Getier recht graset, der Vogel recht picket, und der Mensch sich darniederlässet zu jenem Lebensmittel, das da geheißen wird Abendbrot: so viel zur Stunde welcher. Nun den Grund welchen? Welchen, will ich sagen, ich beschritt: er ist benamset Euer Park. Nun der Platz, an welchem? An welchem, will ich sagen, sich mir der unanständige und höchst unangebrachte Anblick bot, der meiner schneeweißen Feder die ebenholzschwarze Dinte entfließen macht, welchselbige Ihr hier erblicket, wahrnehmt, besichtigt oder seht. Jedoch zum Platz, an welchem: er hält sich nordnord-östlich und gen Osten von der westlichen Ecke auf Eures kuriös verschlungenen Gartens: dort sah ich jenen niederträchtigen Schafhirten, jenen nichtsnutzigen Nutznießer Eures Hochsinns —«

(Clowne. Mee?*) that vnlettered smal knowing soule, (Clow.* Mee?*)*

that shallow vassall (Clown. Still mee.*) which as I remember,*
hight Costard, *(Clown.* O mee*) sorted and consorted contrary to*
thy established proclaymed Edict and continent Cannon: Which
with, ô with, but with this I passion to say wherewith:

Clo. With a Wench.
Ferd. With a childe of our Grandmother Eue, *a female; or for thy*
more sweete vnderstanding a Woman: *him, I (as my euer esteemed*
duetie prickes me on) haue sent to thee, to receiue the meede of pu-
nishment by thy sweete Graces Officer Anthonie Dull, *a man of*
good reput, carriage bearing, and estimation.

Antho. Me ant shall please you? I am *Anthony Dull.*

Ferd. For Iaquenetta *(so is the weaker vessell called) which I*
apprehended with the aforesayd Swaine, I keepe her as a vessell of
thy Lawes furie, and shall at the least of thy sweete notice, bring
hir to tryall. Thine in all complements of deuoted and hartburning
heate of duetie.
Don Adriano de Armado.

Ber. This is not so well as I looked for, but the best that
euer I heard.
Fer. I the best, for the worst. But sirra, What say you to this?

Clo. Sir I confesse the Wench.
Fer. Did you heare the Proclamation?

COSTARD Mich?

KÖNIG »Jenen schimmerlosen Dumpfkopf –«

COSTARD Mich?

KÖNIG »Jenen flachsinnigen Feld-, Wald- und Wiesenkerl –«

COSTARD Immer mich?

KÖNIG »Welcher, wie mir erinnerlich, Costard gerufen wird –«

COSTARD O! Ich.

KÖNIG »Einig und vereinigt zuwider Eurem erlassenen proklamierten Edikt samt inhärenter Vorschrift mit – O! Mit – jedoch es martert mich zu sagen, womit –«

COSTARD Mit einer Schnepfe.

KÖNIG »Mit einem Kinde unserer Urmutter Eva, einem weiblichen, oder, zu Eurem besseren Verstande, einem Frauenzimmer. Ihn, wie meine hochgeschätzte Pflicht mich treibt, sende ich Euch, die verdiente Strafe zu empfangen, zu, vermittels Euer Gnaden Konstabler, Anthony Dull, einem Manne von guter Reputation, Führung, Aufführung und Estimation.«

DULL Ich bin gemeint, wenns genehm ist; ich bin das, ich bin Anthony Dull.

KÖNIG »Die Jacquenetta – also heißet das zerbrechlichere Behältnis, welches ich mit vorgenanntem Schafhirten ergriff, sie habe ich in Gewahrsam als Behältnis für die Wucht Eures Gesetzes; und werde sie, auf den leisesten Eurer hochmögenden Winke, zu Gericht bringen. Der Eurige in sämtlichen Bezeugungen der devotesten und herzflammendsten Hitze der Ergebenheit –

DON ADRIANO DE ARMADO«

BEROWNE Nicht ganz so gut, wie ich erhoffte, aber das beste, was ich in der Art kenne.

KÖNIG Ja, im Fürchterlichen das beste. Aber du, Freundchen, was sagst du dazu?

COSTARD Sir, die Schnepfe gesteh ich.

KÖNIG Hast du gehört, was ausgerufen ward?

Clo. I do confesse much of the hearing it, but little of the
marking of it.

Fer. It was proclaymed a yeeres imprisonment to be taken with a Wench.

Clo. I was taken with none sir, I was taken with a Demsel.

Fer. Well, it was proclaimed Damsel.

Clo. This was no Damsel neither sir, she was a Virgin.

Fer. It is so varried to, for it was proclaimed Virgin.

Clo. If it were, I denie her Virginitie: I was taken with a
Maide.

Fer. This Maide will not serue your turne sir.

Col. This Maide will serue my turne sir.

Fer. Sir I will pronounce your sentence: You shall fast a
weeke with Branne and Water.

Clo. I had rather pray a month with Mutton & Porridge.

Fer. And *Don Armado* shall be your keeper.
My Lord *Berowne*, see him deliuered ore,
And goe we Lordes to put in practise that,
Which each to other hath so strongly sworne.

Bero. Ile lay my Head to any good mans Hat,
These othes and lawes will proue an idle scorne.
Surra, Come on.

Clo. I suffer for the trueth sir: for true it is, I was taken
with *Iaquenetta*, and *Iaquenetta* is a trew girle, and therefore
welcome the sower Cup of prosperie, affliccio may one day
smile againe, and till then sit thee downe sorrow. *Exeunt.*

COSTARD Ich gestehe ziemlich viel Gehörtes, aber wenig Gemerktes.

KÖNIG Ausgerufen ward ein Jahr Gefängnis für jeden, der mit einer Schnepfe erwischt wird.

COSTARD Mich ham se mit keiner erwischt, Sir: mich ham se erwischt mit einer Damosell.

KÖNIG Nun, eine Damosell war auch gemeint.

COSTARD Das war keine Damosell, Sir: 's warne Jungfer.

KÖNIG Das ändert nichts, denn eine Jungfer war auch gemeint.

COSTARD Wenns so is, streit ich die Jungfer ab: mich ham se mit der Magd erwischt.

KÖNIG Die Magd wird dir auch nichts helfen, Sir.

COSTARD Die Magd wird mir wohl was helfen, Sir.

KÖNIG Sir, ich verkünde dein Urteil: du wirst eine Woche fasten bei Kleienbrot und Wasser.

COSTARD Ich hätte als lieber einen Monat bei Hammel und Porridge gebetet.

KÖNIG Und Don Armado soll dein Wächter sein.
Mylord Berowne, Ihr sollt ihn überführen:
Wir gehen, Lords, ein jeder von uns tut,
Was er den Andern zugeschworen hat.

König, Longaville, Dumain ab.

BEROWNE Und meinen Kopf verwett ich um 'nen Hut,
Gehts mit den Eiden und den Regeln glatt.
Freundchen, mach voran.

COSTARD Ich leid als was für die Wahrheit, Sir: denn wahr is, sie ham mich mit der Jacquenetta erwischt, und die Jacquenetta is als ein wahrer Schatz; und drum sei gegrüßt, du Sauerbier der Wohlfahrt! Irgendwann lächelt die Not uns wieder; und bis dahin, hinsetzen, Kümmernis!

Sie gehen ab.

Enter Armado and Moth his page.

Armado. Boy, What signe is it when a man of great spi-
  rite growes melancholy?

Boy. A great signe sir that he will looke sadd.

Ar. Why? sadnes is one & the selfe same thing deare imp.

Boy. No no, O Lord sir no.

Arm. How canst thou part sadnes and melancholy, my
  tender Iuuenall?

Boy. By a familier demonstration of the working, my
  tough signeor.

Arma. Why tough signeor? Why tough signeor?

Boy. Why tender iuuenall? Why tender iuuenall?

Arm. I spoke it tender iuuenal, as a congruent apethaton
  apperteining to thy young dayes, which we may nominate
  tender.

Boy. And I tough signeor, as an appertinent title to your
  olde time, which we may name tough.

Arma. Prettie and apt.

Boy. How meane you sir, I prettie, and my saying apt?
  or I apt, and my saying prettie?

Arma. Thou prettie because little.

Boy. Little prettie, because little: wherefore apt.

Arma. And therfore apt, because quicke.

Boy. Speake you this in my praise Maister?

Arma. In thy condigne praise.

Boy. I will praise an Eele with the same praise.

I, ii, 1-26

2. Szene

Armado, Moth, sein Page.

ARMADO Was, Knabe, zeigt uns das, wenn ein großer Geist melancholisch wird?

MOTH Ein großes Zeichen, Sir, daß er nämlich trübsinnig dreinsieht.

ARMADO Aber, aber! Der Trübsinn ist einunddasgleiche Ding, mein Racker.

MOTH Nein, nein, mein Gott, wie denn, nein!

ARMADO Wie vermagst du Trübsinn und Melancholie voneinander zu halten, mein zartes Chungchen?

MOTH Durch eine leichtfaßliche Darstellung ihres Wirkens, mein zäher Signor.

ARMADO Wie, zäher Signor? Was, zäher Signor?

MOTH Was, zartes Chungchen? Wie, zartes Chungchen?

ARMADO Ich sprach es, zartes Jungchen, als ein passendes Epitheton, zugehörig deinen Chugendtagen, welche wir zart benennen dürfen.

MOTH Und ich es, zäher Signor, als gehörige Beschriftung Eurer Alterszeit, welche wir zäh nennen dürfen.

ARMADO Hübsch, und treffend.

MOTH Wie meinen, Sir? Ich hübsch, und was ich sage, treffend? Oder ich treffend, und was ich sage, hübsch?

ARMADO Du hübsch, weil du nicht groß.

MOTH Nicht groß hübsch, weil nicht hübsch groß. Wodurch treffend?

ARMADO Und dadurch treffend, daß quick.

MOTH Sprecht Ihr das mir zum Lobe, Meister?

ARMADO Zu deinem angemessenen Lobe.

MOTH Ich werde einen Aal mit demselben Lobe loben.

Arma. What? that an Eele is ingenious.

Boy. That an Eele is quicke.

Arma. I do say thou art quicke in answeres. Thou heatst
my blood.

Boy. I am answerd sir.

Arma. I loue not to be crost.

Boy. He speakes the meer contrarie, crosses loue not him.

Ar. I haue promised to studie three yeeres with the duke.

Boy. You may do it in an houre sir.

Arma. Impossible.

Boy. How many is one thrice tolde?

Arm. I am ill at reckning, it fitteth the spirit of a Tapster.

Boy. You are a Gentleman and a Gamster sir.

Arma. I confesse both, they are both the varnish of a com-
pleat man.

Boy. Then I am sure you know how much the grosse
summe of deus-ace amountes to.

Arm. It doth amount to one more then two.

Boy. Which the base vulgar do call three.

Arma. True.

Boy. Why sir is this such a peece of studie? Now heere is
three studied ere yele thrice wincke: and how easie it is to
put yeeres to the worde three, and studie three yeeres in two
wordes, the dauncing Horse will tell you.

Arm. A most fine Figure.

Boy. To proue you a Cypher.

Arm. I will hereupon confesse I am in loue: and as it is
base for a Souldier to loue; so am I in loue with a base wench.

ARMADO Wie? Ein Aal wäre findig?

MOTH Ein Aal wäre quick.

ARMADO Ich sage, du wärest mit dem Antworten quick: du erhitzest mein Blut.

MOTH Damit bin ich beantwortet, Sir.

ARMADO Ich schätze die Kreuzer nicht.

MOTH *beiseite* Er spricht in Umkehrungen: die Kreuzer schätzen ihn nicht.

ARMADO Ich habe dem König versprochen, drei Jahre mit ihm zu studieren.

MOTH Das erledigt Ihr in einer Stunde, Sir.

ARMADO Unmöglich.

MOTH Wieviel ist Drei mal Eins?

ARMADO Auf Zahlen bin ich schlecht zu sprechen; Zahlen sind eine Angelegenheit für Bierzapfer.

MOTH Ihr seid ein Gentleman und ein Würfelstürzer, Sir.

ARMADO Ich bin im einen wie im andern geständig: beides zusammen ergibt den Anstrich des vollkommenen Mannes.

MOTH Dann bin ich überzeugt, Ihr wißt, auf wieviel ein Zweier und ein Einser im Großen und Ganzen hinauslaufen.

ARMADO Auf Eins mit zwei mehr.

MOTH Der Volksmund sagt dazu Drei.

ARMADO Genau.

MOTH Na also, war das ein so schweres Studium? Jetzt haben wir die Drei studiert, noch eh Ihr dreimal zwinkern konntet; und wie einfach es ist, dem Wörtlein Drei das Wörtlein Jahre anzuhängen und drei Jahre in zwei Worten zu studieren, das lehrt Euch das tanzende Pferd.

ARMADO Eine gelungene Figur!

MOTH *beiseite* Ja, nicht so wie deine.

ARMADO Woraufhin ich gestehe, daß ich verliebt bin; und da es eines Kriegers unwürdig ist, verliebt zu sein, bin ich in

If drawing my Sword against the humor of affection, would deliuer me from the reprobate thought of it, I would take Desire prisoner, and ransome him to anie French Courtier for a new deuisde cursie. I thinke scorne to sigh, mee thinks I should outsweare *Cupid*. Comfort mee Boy, What great men haue bin in loue?

Boy. *Hercules* Maister.

Arm. Most sweete *Hercules*: more authoritie deare Boy, name more; and sweete my childe let them be men of good repute and carriage.

Boy. *Sampson* Maister, he was a man of good carriage, great carriage: for he carried the Towne-gates on his backe like a Porter: and he was in loue.

Arm. O wel knit *Sampson*, strong ioynted *Sampson*; I do excel thee in my rapier, as much as thou didst me in carying gates. I am in loue too. Who was Sampsons loue my deare Moth?

Boy. A Woman, Maister.

Arm. Of what complexion?

Boy. Of all the foure, or the three, or the two, or one of the foure.

Arm. Tell me precisely of what complexion?

Boy. Of the sea-water Greene sir.

Arm. Is that one of the foure complexions?

Boy. As I haue read sir, and the best of them too.

Arm. Greene in deede is the colour of Louers: but to haue a loue of that colour, mee thinkes *Sampson* had small reason for it. He surely affected her for her wit.

eine unwürdige Dirne verliebt. Könnte ich, meinen Degen entblößend wider die Macht der Leidenschaft, mich
von dem lasterhaften Gedenken an sie erlösen, ich wollte
die Begierde kriegsgefangen nehmen und bei einem be-
liebigen Franzosenhöfling gegen die neueste Galanterie
austauschen. Ich verüble mir meine Seufzer: mich bedünkt, ich solle Cupido verbannen. Kühle mich, Knabe.
Welche großen Männer waren verliebt?

MOTH Herkules, Meister.

ARMADO O einziger Herkules! Mehr Größen, mein Junge,
nenn mir mehr; und sorge, mein einziger Knabe, daß es
Männer mit Ruf und Tragweite sind.

MOTH Samson, Meister: der hatte Tragweite, große Tragweite, denn er trug Stadttore auf seinem Nacken wie ein
Dienstmann; und er war verliebt.

ARMADO O brav gewirkter Samson! Fest gebauter Samson!
Ich überflügle dich im Fechten wie du mich im Tortra-
gen. Auch ich bin verliebt. Wer war Samsons Liebste,
mein süßer Nachtfalter?

MOTH Ein Weib, Meister.

ARMADO Von welcher Beschaffenheit der Färbung?

MOTH Von allen vier, oder allen drei, oder allen zwei,
oder einer von den vier.

ARMADO Berichte mir genau, von welcher Beschaffenheit
der Färbung.

MOTH Der salzwassergrünen, Sir.

ARMADO Ist das eine der vier Beschaffenheiten?

MOTH So las ich, Sir; und obendrein die schönste.

ARMADO In der Tat, grün ist die Farbe der Liebenden;
aber für eine Liebste von dieser Farbe, dünkt mich,
hatte selbst ein Samson wenig Grund. Zweifelsohne
liebte er sie um ihres Schöngeistes willen.

Boy. It was so sir, for she had a greene wit.

Arm. My loue is most immaculate white and red.

Boy. Most maculate thoughts Maister, are maskt vnder
    such colours.

Ar. Define, define, well educated infant.

Boy. My fathers wit, and my mothers tongue assist me.

Ar. Sweet inuocation of a child, most pretty & pathetical.

Boy. Yf she be made of white and red,
    Her faultes will nere be knowne:
    For blush-in cheekes by faultes are bred,
    And feares by pale white showne:
    Then if she feare or be to blame,
    By this you shall not know,
    For still her cheekes possesse the same,
    Which natiue she doth owe
    A dangerous rime maister against the reason of white & red.

Ar. Is there not a Ballet Boy of the King & the Begger?

Boy. The worlde was very guiltie of such a Ballet some
    three ages since, but I thinke now tis not to be found: or if it
    were, it would neither serue for the writing, nor the tune.

Ar. I will haue that subiect newly writ ore, that I may
    example my digression by some mightie presedent. Boy,
    I do loue, that Countrey girle that I tooke in the Parke
    with the rational hinde *Costard*: she deserues well.

Boy. To be whipt: and yet a better loue then my maister.

Ar. Sing Boy, My spirit growes heauie in loue.

Boy. And thats great maruaile, louing a light Wench.

MOTH So war es, Sir, ihr Geist war schön grün.

ARMADO Meine Liebste ist makellos weiß und rot.

MOTH Mit just diesen Farben, Meister, maskieren sich die makelhaftesten Gesinnungen.

ARMADO Erklären, erklären, mein kluges Kind.

MOTH Vater Witz und Mutter Sprache, steht mir bei!

ARMADO Ein artiges Kindergebet; sehr hübsch und ergreifend!

MOTH Ist sie aus weiß und rot gemacht,
Bleibt, was sie treibt, im Dunkel;
Sie fehlt, wenn rot die Wange lacht,
Bleich macht sie ein Gemunkel:
Doch ob sie fürchtet, ob sie fehlt,
Du siehst es ihr nicht an,
Weil ihre Wange dirs verhehlt,
Wie sie es eben kann.
Eine Reimerei, Meister, die der weiß-roten Vorliebe ziemlich gefährlich werden kann.

ARMADO Es gibt da eine Ballade, Junge, von dem König und dem Bettelweib, nicht wahr?

MOTH Mindestens drei Äonen ist das her, daß die Welt sich solch eine Ballade hat zuschulden kommen lassen; aber ich glaube, heutzutage ist davon nichts mehr nach; oder wenn doch, sind weder Text noch Töne zu gebrauchen.

ARMADO Ich will das Motiv neu besingen lassen, auf daß dies mein Abirren das Präzedens eines machtvollen Vorläufers finde. Knabe, ich liebe jenes Landkind, welches ich im Park ergriff mit diesem Wolf im Schafspelz, Costard: sie verdient nichts bessres.

MOTH *beiseite* Als die Peitsche; und doch einen tüchtigeren Liebhaber als meinen Herrn.

ARMADO Sing, Knabe: die Liebe macht mich schwermütig.

MOTH *beiseite* Ein groß Wunderding, verliebt in eine

Ar. I say sing.

Boy. Forbeare till this companie be past.

        Enter *Clowne, Constable,* and *Wench.*

Constab. Sir, the Dukes pleasure is that you keepe *Costard* safe, and you must suffer him to take no delight, nor no penance, but a'must fast three dayes a weeke: for this Damsell I must keepe her at the Parke, she is alowde for the Day womand. Fare you well.

Ar. I do betray my selfe with blushing: Maide.

Maide. Man.

Ar. I will visit thee at the Lodge.

Maid. Thats hereby.

Ar. I know where it is situate.

Ma. Lord how wise you are.

Ar. I will tell thee wonders.

Ma. With that face.

Ar. I loue thee.

Ma. So I heard you say.

Ar. And so farewell.

Ma. Faire weather after you.

Clo. Come *Iaquenetta*, away.   *Exeunt.*

Ar. Villaine, thou shalt fast for thy offences ere thou be pardoned.

Clo. Well sir I hope when I do it, I shall do it on a full stomacke.

Ar. Thou shalt be heauely punished.

Clo. I am more bound to you then your fellowes, for they are but lightly rewarded.

Ar. Take away this villaine, shut him vp.

Boy. Come you transgressing slaue, away.

leichte Schürze.

ARMADO Ich sage, sing.

MOTH Wartet, bis der Verein hier sich verzogen hat.

Dull, Costard, Jacquenetta.

DULL Sir, dem König gefällt es, daß Ihr Costard verwahrt: und Ihr müßt ihn büßen lassen ohne einen Genuß oder eine Reue, sondern fasten muß er drei Tage wöchentlich. Was die Damosell ist, die muß ich im Park halten; sie hat eine Zulassung als Melkerin. Lebt wohl.

ARMADO Ich überführe mich durch Erröten. Mädchen.

JACQUENETTA Männchen.

ARMADO Ich will treten in dein Hüttchen.

JACQUENETTA Is ganz dicht bei.

ARMADO Ich weiß, wo es situiert ist.

JACQUENETTA Gott, was Ihr euch auskennt.

ARMADO Ich will dir wundervolle Dinge erzählen.

JACQUENETTA Was Ihr nich sagt.

Armado Ich liebe dich.

Jacquenetta Wenns weiter nichts ist.

ARMADO Und nun lebe wohl.

JACQUENETTA Du noch viel besser!

DULL Komm da weg, Jacquenetta.

Dull und Jacquenetta ab.

ARMADO Elender, hungern sollst du für deine Vergehungen, ehe dir verziehen wird.

COSTARD Na, da will ich schwer hoffen, das Hungern geht als mit vollem Bauch vor sich, Sir.

ARMADO Du wirst schwerstens bestraft werden.

COSTARD Bin Euch bald mehr Dank schuldig als Eure eignen Leute, die wern als bloß leichtestens bezahlt.

ARMADO Schaff den Schurken weg: schließ ihn ein.

MOTH Komm, unverschämter Lümmel: vorwärts!

Clo. Let me not be pent vp sir, I will fast being loose.

Boy. No sir, that were fast and loose: thou shalt to prison.

Clo. Well, if euer I do see the merry dayes of desolation
  that I haue seene, some shall see.

Boy. What shall some see?
Clo. Nay nothing M. *Moth*, but what they looke vppon.
  It is not for prisoners to be too silent in their wordes, and
  therfore I will say nothing: I thanke God I haue as litle patience as an other man, & therfore I can be quiet.   *Exit.*

Arm. I do affect the verie ground (which is base) where her
  shoo (which is baser) guided by her foote (which is basest)
  doth tread. I shall be forsworne (which is a great argument
  of falsehood) if I loue. And how can that be true loue, which
  is falsely attempted? Loue is a familiar; Loue is a Diuell.
  There is no euill angel but Loue, yet was *Sampson* so tempted, and he had an excellent strength: Yet was *Salomon* so
  seduced, and he had a very good wit. *Cupids* Butshaft is too
  hard for *Hercules* Clubb, and therefore too much oddes for a
  Spaniards Rapier: The first and second cause will not serue
  my turne: the *Passado* he respects not, the *Duella* he regards
  not; his disgrace is to be called Boy, but his glorie is to sub-
  due men. Adue Valoure, rust Rapier, be still Drum, for your
  manager is in loue; yea he loueth. Assist me some extemporall God of Rime, for I am sure I shall turne Sonnet. Deuise
  Wit, write Pen, for I am for whole volumes in folio. *Exit.*

COSTARD Laßt mich als nicht einpferchen, Sir; ich faste
als lieber im Freien.

MOTH Du liebst fast immer im Freien, Sir: aber jetzt
gehts ab ins Loch.

COSTARD Nu, sehe ich je die seligen Tage der Bitternis
wieder, die ich ehdem sah, na, da wird der und jener
als schon sehn –

MOTH Was wird der und jener als schon sehn?

COSTARD Nu, Meister Moth, nichts als was er anguckt. Es ist
als ein Recht des Gefangenen, sich zu beschweren, und
drum halt ich mein Maul: Gott sei Dank bin ich als auf-
brausend wie sonstwer, so kann ich mirs als leisten, was
ruhig zu bleiben.   *Moth und Costard ab.*

ARMADO Ich affektioniere selbst die Erde, die unrein ist, auf
welche ihr Schuh, der unreiner ist, gelenkt von ihrem
Fuß, der am unreinsten ist, tritt. Ich werde meineidig,
wenn ich liebe, was ein starker Beweis für Lügenhaftigkeit
ist. Und wie kann wahre Liebe sein, was lügenhaft erstrebt
wird? Liebe ist ein böser Geist; Liebe ist ein Teufel: es gibt
keinen Engel des Satans außer der Liebe. Und doch ward
Samson versucht, und besaß doch ausnehmend Kraft; und
doch wurde Salomo verführt, und besaß doch sehr viel
Verstand. Cupidos Pfeil schlug des Herkules Keule, wieviel weniger vermag ein spanischer Degen wider ihn. Fordern läßt er sich nicht; der Passado beeindruckt ihn nicht,
den Duello beachtet er nicht: er haßt es, ein Knabe gerufen zu werden, da es sein Ruhm ist, Männer zu verskla-
ven. Adieu, Heldenmut! Roste, Degen! Trommel,
schweig still! Der euch gebieten konnte, ist verliebt; er
liebt, jawohl. Steh mir zur Seite, Gott der Reime und Ex-
tempores, denn ich fühle, ich werde zum Sonett. Ersinne,
Kopf; kritzle, Kiel; denn mich füllen ganze Folianten. *Ab.*

Enter the Princesse of Fraunce, with three
attending Ladies and three Lordes.

Boyet. Now Maddame summon vp your dearest spirrits,
    Consider who the King your father sendes:
    To whom he sendes, and whats his Embassie.
    Your selfe, helde precious in the worldes esteeme,
    To parlee with the sole inheritoure
    Of all perfections that a man may owe,
    Matchles *Nauar*, the plea of no lesse weight,
    Then *Aquitaine* a Dowrie for a Queene.
    Be now as prodigall of all Deare grace,
    As Nature was in making Graces deare,
    When she did starue the generall world beside,
    And prodigally gaue them all to you.

Queene. Good L. *Boyet*, my beautie though but meane,
    Needes not the painted florish of your prayse:
    Beautie is bought by iudgement of the eye,
    Not vttred by base sale of chapmens tongues:
    I am lesse proude to heare you tell my worth,
    Then you much willing to be counted wise,
    In spending your Wit in the prayse of mine.
    But now to taske the tasker, good *Boyet*,
    You are not ignorant all telling fame
    Doth noyse abroad *Nauar* hath made a Vow,
    Till painefull studie shall outweare three yeeres.
    No Woman may approch his silent Court:
    Therefore to's seemeth it a needfull course,
    Before we enter his forbidden gates,

Zweiter Akt 1. Szene

Prinzessin von Frankreich, Maria, Katherine, Rosaline.
Boyet. Lords.

BOYET Madame, nun sammelt Eure guten Geister:
　Bedenkt, wen Euer königlicher Vater
　Gesandt hat und zu wem und was die Botschaft:
　Ihr, ein Juwel den Augen nicht nur Frankreichs,
　Verhandelt hier mit dem allein'gen Erben
　Vollkommnen Mannestums, dem beispiellosen
　Navarra; und der Gegenstand ist kein
　Geringerer als Aquitanien, wert,
　Mitgift einer Königin zu sein.
　Verschwendet nunmehr Euren Liebreiz so,
　Wie die Natur es tat, da sie ihn machte,
　Als wolle sie ihn aller Welt entziehn,
　Um ihn nur Euch verschwenderisch zu leihn.
PRINZESSIN Bester Boyet, mein dürftiges Gepräge
　Bedarf gleichwohl nicht Eures bunten Lobs:
　Schönheit folgt dem Urteil unsres Auges,
　Und nicht dem Marktgeschrei der Händlerzunge.
　Ich bin so stolz nicht, hör ich Euch mich preisen,
　Als Ihr gewillt seid, höflich zu erscheinen,
　Und für mein Lob sogleich gelobt zu werden.
　Nun gebe ich, was Ihr mir aufgabt, Euch auf:
　Lieber Boyet, Ihr kennt doch das Gerücht,
　Das wissen will, Navarra hab geschworen,
　Eh nicht drei Jahre strengen Studiums herum,
　Soll keine Frau dem stillen Hofe nahn:
　Daher scheint es uns nötig, zu erfahren,
　Was ihm beliebt, bevor wir unbekümmert

To know his pleasure, and in that behalfe
Bold of your worthines, we single you,
As our best mouing faire soliciter:
Tell him, the Daughter of the King of France
On serious busines crauing quicke dispatch,
Importuous personall conference with his grace.
Haste, signifie so much while we attende,
Like humble visage Suters his high will.
Boy. Proud of imployment, willingly I go.   *Exit Boy.*
Prince. All pride is willing pride, and yours is so:

Who are the Votaries my louing Lordes, that are vowfel-
lowes with this vertuous Duke?
Lor. *Longauill* is one.
Princ. Know you the man?
1. *Lady.* I know him Maddame at a marriage feast,
Betweene L. *Perigort* and the bewtious heire
Of *Iaques Fauconbridge* solemnized.
In *Normandie* saw I this *Longauill,*
A man of soueraigne peerelsse he is esteemd:
Well fitted in artes, glorious in armes:
Nothing becoms him ill that he would well.
The onely soyle of his fayre vertues glose,
If vertues glose will staine with any soyle,
Is a sharpe Wit matcht with too blunt a Will:
Whose edge hath power to cut whose will still wils,
It should none spare, that come within his power.
Prin. Some merrie mocking Lord belike, ist so?
Lad. They say so most, that most his humors know.
Prin. Such short liued wits do wither as they grow.
Who are the rest?
2. *Lad.* The young *Dumaine,* a well accomplisht youth,

Durch die verbotne Türe gehn; zu dem Zweck
Erwählen wir, auf Eure Kunst vertrauend,
Euch als beredten Anwalt unsrer Sache.
Sagt, Frankreichs König sende seine Tochter
Mit einem dringlichen Ersuchen, und erbäte
Für sie Gehör bei seiner Hoheit selbst.
Eilt Euch, überbringt dies; wir indes,
Wir harren fußfällig der hohen Antwort.

BOYET Stolz auf den Auftrag, geh ich nur zu willig.

PRINZESSIN Stolz ist stets willig stolz, drum geht Ihr billig.

Boyet ab.

Wer sind die Klosterbrüder, meine Damen,
Und Eidgenossen dieses tapfren Königs?

LORD Lord Longaville ist einer.

PRINZESSIN   Kennt ihr den?

MARIA Ich kenne ihn: auf einem Hochzeitsfest,
Das in der Normandie gefeiert wurde,
Lord Perigort vermählte sich der schönen
Erbin des Jaques Falconbridge, da sah ich
Diesen Longaville: er galt da als ein Mann
Von großen Qualitäten, kunstverständig,
Waffentüchtig; was er sich auch vornimmt,
Gelingt, heißt es. Nur trübt den Glanz der Gaben,
Falls solcher Gaben Glanz zu trüben ist,
Ein scharfer Spott, mit Übermut gepaart,
Verletzend, schneidend, unbedingt gewillt,
Nicht einen, der ihm nah kommt, zu verschonen.

PRINZESSIN Man sollte ihn Lord Spöttervogel nennen.

MARIA Als solcher gilt er denen, die ihn kennen.

PRINZESSIN So trockner Witz muß, rasch entflammt, verbrennen.
Wer sind die übrigen?

KATHERINE Ein seelenvoller junger Mann, Dumain,

Of all that Vertue loue, for Vertue loued.
Most power to do most harme, least knowing ill:
For he hath wit to make an ill shape good,
And shape to win grace though he had no wit.
I saw him at the Duke *Alansoes* once,
And much too little of that good I saw,
Is my report to his great worthines.
3. *Lad.* An other of these Studentes at that time,
Was there with him, if I haue heard a trueth.
Berowne they call him, but a merrier man,
Within the limit of becomming mirth,
I neuer spent an houres talke withall.
His eye begets occasion for his wit,
For euery obiect that the one doth catch,
The other turnes to a mirth-moouing iest.
Which his fayre tongue (conceites expositer)
Deliuers in such apt and gracious wordes,
That aged eares play treuant at his tales.
And younger hearinges are quite rauished.
So sweete and voluble is his discourse.

Prin. God blesse my Ladyes, are they all in loue?
That euery one her owne hath garnished,
With such bedecking ornaments of praise.
Lord. Heere comes *Boyet*.   *Enter Boyet.*

Prin. Now, What admittance Lord?
Boyet. Nauar had notice of your faire approch,
And he and his compettitours in oth,
Were all addrest to meete you gentle Lady
Before I came: Marrie thus much I haue learnt,
He rather meanes to lodge you in the feelde,

Des hoher Sinn die Hochgesinnten freut:
Die Kraft, zu schaden, dankt er seiner Unschuld,
Die keine Arglist kennt, nur Herzenseinfalt,
Und ihn, auch unklug, liebenswürdig macht.
Ich traf ihn einst beim Herzog Alençon;
Und viel zu dürftig ist, was ich berichte,
Vor dem, was ich von seinem Wesen sah.

ROSALINE Und noch ein weitrer dieser Spätstudenten
War, bin ich recht berichtet, da: mit Namen
Berowne; mit einem lustigeren Mann,
Der fröhlich blieb ganz ohne frech zu werden,
Hab ich seither kein Stündchen mehr verplaudert.
Sein Geist empfängt den Anlaß durch das Auge,
Denn was es auch erfaßt, verwandelt er
Behende in erheiternde Betrachtung,
Die seine Zunge, Dolmetsch seines Einfalls.
So treffend und berührend übermittelt,
Daß selbst bejahrte Hörer ernste Arbeit
Ruhen lassen, nur, um ihm zu lauschen,
Und junge Ohren ganz bezaubert sind;
So wendig und so geistreich ist sein Ausdruck.

PRINZESSIN Gott schütze meine Damen! Sind sie sämtlich
Verliebt, daß eine jede mir den ihren
Mit solchen Lobgirlanden schmücken muß?

LORD Hier kommt Boyet.

Boyet.

PRINZESSIN   Nun, was ist uns beschieden?

BOYET Navarra wußte schon von Eurer Ankunft;
Er und seine Mitverschworenen
Versahen sich, Euch zu begegnen, Lady,
Bevor ich eintraf. Soviel aber weiß ich:
Er wird Euch eher auf dem freien Feld logieren,

Like one that comes heere to besiedge his Court,
Then seeke a dispensation for his oth:
To let you enter his vnpeeled house.

      Enter *Nauar, Longauill, Dumaine,* & *Berowne.*

Bo. Heere comes *Nauar.*

Nauar. Faire Princesse, Welcome to the court of *Nauar.*

Prin. Faire I giue you backe againe, and welcome I haue
    not yet: the roofe of this Court is too high to be yours, and
    welcome to the wide fieldes too base to be mine.

Nau. You shalbe welcome Madame to my Court.

Prin. I wilbe welcome then, Conduct me thither.

Nau. Heare me deare Lady, I haue sworne an oth,

Prin. Our Lady helpe my Lord, he'le be forsworne.

Nau. Not for the worlde faire Madame, by my will.

Prin. Why, will shall breake it will, and nothing els.

Nau. Your Ladishyp is ignoraunt what it is.

Prin. Were my Lord so, his ignoraunce were wise,
    Where now his knowledge must proue ignorance.
    I heare your grace hath sworne out Houskeeping:
    Tis deadlie sinne to keepe that oath my Lord,
    And sin to breake it: but pardon me, I am too sodaine bold,
    To teach a teacher ill beseemeth mee.
    Vouchsafe to read the purpose of my comming,
    And sodainelie resolue mee in my suite.

Nau. Madame I will, if sodainelie I may.

Prin. You will the sooner that I were awaie,
    For youle proue periurde if you make me staie.

Berowne. Did not I dance with you in *Brabant* once?

Kather. Did not I dance with you in *Brabant* once?

Ber. I know you did.

Gleich einem Heer, das zur Belagrung anrückt,
Als den Dispens von seinem Eid zu suchen,
Der Euch in sein verwaistes Haus einließe.
Hier kommt Navarra.

König, Longaville, Dumain, Berowne.

KÖNIG Willkommen, edle Fürstin, an Navarras Hof.

PRINZESSIN Das ›edel‹ reiche ich Euch zurück; und willkommen bin ich vorläufig nicht: das Dach dieses Hofs ist zu
hoch, um Euer zu sein, und ein Willkommen auf dem
blanken Acker zu niedrig, um mir zu gelten.

KÖNIG Ihr seid an meinem Hof willkommen, Madam.

PRINZESSIN Das will ich sein; geleitet mich dorthin.

KÖNIG Lady, vernehmt, ich legte einen Eid ab.

PRINZESSIN Der Himmel steh Euch bei! Es war ein Meineid.

KÖNIG Mit meinem Willen nicht, nicht um die Welt.

PRINZESSIN Der Wille macht ihn dazu, weiter nichts.

KÖNIG Mylady wissen nicht, worum es geht.

PRINZESSIN Stünds so um Euch, wär Eur Nichtwissen weise,
Wogegen Euer Wissen jetzt nichts weiß.
Abgeschworen haben Eure Hoheit
Der Gastfreundschaft: 's ist Sünde, diesen Schwur
Zu halten, Sünde, ihn zu brechen.
Jedoch vergebt mir, ich bin allzu kühn:
Den Lehrer zu belehren, ziemt mir nicht.
Geruht, zu lesen, worum ich gekommen,
Und wollt die Sache dann sogleich entscheiden.

KÖNIG Das will ich, Madam, kann ich es sogleich.

PRINZESSIN Ihr habt mich um so schneller aus dem Reich,
Denn bleibe ich, macht Euch der Eidbruch bleich.

BEROWNE In Brabant – hab ich nicht da mit Euch getanzt?

ROSALINE In Brabant – hab ich nicht da mit Euch getanzt?

BEROWNE Ich weiß, Ihr habt.

Kath. How needles was it then to aske the question?
Ber. You must not be so quicke.
Kath. Tis long of you that spur me with such questions.
Ber. Your wit's too hot, it speedes too fast, twill tire.
Kath. Not till it leaue the rider in the mire.
Ber. What time a day?
Kath. The houre that fooles should aske.
Ber. Now faire befall your maske.
Kath. Faire fall the face it couers.
Ber. And send you manie louers.
Kath. Amen, so you be none.
Ber. Nay then will I be gon.
Ferd. Madame, your father heere doth intimate,
   The payment of a hundred thousand Crownes,
   Being but the one halfe of, of an intire summe,
   Disbursed by my father in his warres.
   But say that he, or we, as neither haue
   Receiud that summe, yet there remaines vnpaide
   A hundred thousand more, in suretie of the which,
   One part of *Aquitaine* is bound to vs,
   Although not valued to the monies worth.
   If then the King your father will restore,
   But that one halfe which is vnsatisfied,
   We will giue vp our right in *Aquitaine*,
   And holde faire friendship with his Maiestie,
   But that it seemes he little purposeth:
   For here he doth pemaund to haue repaide,
   A hundred thousand Crownes, and not demaunds
   One paiment of a hundred thousand Crownes,
   To haue his title liue in *Aquitaine*.
   Which we much rather had depart withall,
   And haue the money by our father lent,

ROSALINE Wozu war dann die Frage gut?

BEROWNE Übereilt Euch nur nicht.

ROSALINE Ihr seids, der mich so mit Fragen spornt.

BEROWNE Witz, der sich früh verausgabt, macht früh schlapp.

ROSALINE Nur wirft er vorher noch den Reiter ab.

BEROWNE Zu welcher Tageszeit?

ROSALINE Wann es das Närrchen freut.

BEROWNE Tragt Eure Maske glücklich.

ROSALINE Bleibt hinter Eurer schicklich.

BEROWNE Und daß es nie Euch an Verehrern fehlt.

ROSALINE Amen, sofern Ihr nicht dazu zählt.

BEROWNE Nein, ich, mit Verlaub, ich mach mich aus dem

KÖNIG Madam, Euer Vater spricht hier von   [Staub.
    Der Zahlung von einhunderttausend Kronen;
    Doch das ist lediglich die Hälfte dessen,
    Was ihm mein Vater für den Krieg auslieh.
    Gesetzt, mein Vater, oder ich, wir hätten,
    Was nicht der Fall ist, dieses Geld erhalten,
    So blieben noch Einhunderttausend offen,
    Wofür ein Teil uns Aquitaniens entschädigt,
    Obwohl er nicht dem Geldeswert entspricht.
    Erstattet nun der König, Euer Vater,
    Uns jene erste Hälfte, die noch aussteht,
    Begeben wir uns Aquitaniens Anspruch,
    Und halten seiner Majestät die Freundschaft.
    Doch das, so scheint es, hat er nicht im Sinn,
    Denn hier verlangt er, ihm Einhunderttausend
    Zurückzuzahlen, und er fordert nicht,
    Gegen Zahlung von Einhunderttausend,
    Sein Recht auf Aquitaniens Titel ein,
    Den Wir sehr gerne von Uns legen würden,
    Wär nur das Geld, vom Vater ausgeliehen,

Then *Aquitaine*, so guelded as it is.
Deare Princesse were not his requestes so farr
From reasons yeelding, your faire selfe should make
A yeelding gainst some reason in my brest,
And go well satisfied to France againe.

Prin. You do the King my father too much wrong,
And wrong the reputation of your name,
In so vnseeming to confesse receit,
Of that which hath so faithfully been paide.
Ferd. I do protest I neuer heard of it:
And if you proue it, Ile repay it backe,
Or yeelde vp *Aquitaine*.
Princ. We arrest your worde.
Boyet you can produce acquittances,
For such a summe from speciall officers,
Of *Charles* his father.
Ferd. Satisfie mee so.
Boyet. So please your Grace, the packet is not come,
Where that and other specialties are bound:
To morrow you shall haue a sight of them.
Ferd. It shall suffise me; at which enteruiew,
All liberall reason I will yeelde vnto.
Meane time receiue such welcome at my hand,
As honor (without breach of honor) may,
Make tender of to thy true worthines.
You may not come (faire Princesse) within my gates,
But here without you shalbe so receiude,
As you shall deeme your selfe lodgd in my hart.
Though so denide faire harbour in my house,
Your owne good thoughtes excuse me, and farewell.
To morow shall we visite you againe.

Unser statt des Stückchens Aquitanien.
Teure Prinzessin, läge dies Begehren
Nicht fernab den Geboten der Vernunft,
So würde Eure Liebenswürdigkeit
Mir Unvernunft gebieten, und zufrieden
Euch zurück nach Frankreich ziehen lassen.

PRINZESSIN Ihr tut dem König, meinem Vater, Unrecht,
Und tretet Euren Ruf mit Füßen, wenn Ihr
Euch hier beharrlich weigert, zuzugeben,
Daß Ihr erhalten habt, was man Euch zahlte.

KÖNIG Ich beteure, ich weiß nichts davon;
Könnt Ihrs beweisen, dann verzichte ich
Auf weitere Zahlung und auf Aquitanien.

PRINZESSIN Wir nehmen Euch beim Wort: Boyet, Ihr führt
Quittungen mit Euch, die die Beamten
Seines Vaters Charles auf diese Summe
Uns ausgestellt.

KÖNIG   Das würde mir genügen.

BOYET Zu Gnaden, Hoheit, das Paket blieb aus,
Das sie, samt den Verträgen, Euch enthält:
Morgen werde ich sie unterbreiten.

KÖNIG Das soll genug sein: liegen sie mir vor,
So will ich tun, was die Vernunft gebietet.
Inzwischen seid in jeder Form willkommen,
Die Ehre mir, will ich nicht ehrlos werden,
Eurer Größe anzutragen vorschreibt.
Ich darf, Prinzessin, Euch mein Tor nicht öffnen,
Doch hier im Freien wird man Euch empfangen,
Daß Ihr, wenngleich vom Hause nicht beschirmt,
Wähnen sollt, im Herzen mir zu wohnen.
Vergeben wird mir Euer Edelmut,
Und so lebt wohl: wir sehn uns morgen wieder.

Pri. Sweete health and faire desires confort your grace.

Na. Thy owne wish wish I thee in euery place. *Exit.*

Ber. Ladie I will commend you to my none hart.

Ros. Pray you, do my commendations, I would be glad
    to see it.

Ber. I would you heard it grone.

Ros. Is the foole sicke.

Ber. Sicke at the hart.

Ros. Alacke, let it blood.

Bar. Would that do it good?

Ros. My Phisicke saies I.

Ber. Will you prickt with your eye.

Ros. *No poynt*, with my knife.

Ber. Now God saue thy life.

Ros. And yours from long liuing.

Ber. I cannot stay thankes-giuing. *Exit.*

Enter Dumaine.

Dum. Sir, I pray you a word, What Ladie is that same?

Boyet. The heire of *Alanson*, *Rosalin* her name.

Dum. A gallant Lady *Mounsir*, fare you wel. *Exit.*

Longauill. I beseech you a word, What is she in the white?

Boyet. A woman sometimes, and you saw her in the light.

Lon. Perchance light in the light. I desire her name?

Bo. She hath but one for her selfe, to desire that were a

Lon. Pray you sir, Whose daughter?
        (shame.

Bo. Her mothers, I haue heard.

Lon. Gods blessing on your beard. (*bridge.*

Bo. Good sir be not offended, She is an heire of *Falcon-*

Lon. Nay my coller is ended. She is a most sweet Ladie.

Bo. Not vnlike sir, that may be. *Exit Longauil.*

PRINZESSIN Gesundheit Euch und eine schöne Zeit!
KÖNIG Der Wunsch sei Euch gewünscht, wo Ihr auch seid. *Ab.*
BEROWNE Lady, ich lege Euch mein Herz zu Füßen.
ROSALINE Bitte nicht zu nah.

Berowne So nah, daß Ihr es stöhnen hören könnt.
ROSALINE Das Tierchen fühlt Schmerzen?
BEROWNE Von ganzem Herzen.
ROSALINE Ach! Ihr müßt es zur Ader lassen.
BEROWNE Hülfe das ihm, sich zu fassen?
ROSALINE Sagt mir meine Physik.
BEROWNE Ritzt Ihrs mit dem Blick?
ROSALINE Aber nein, mit dem Messer.
BEROWNE Das lassen wir besser.
ROSALINE Dann nehmts wieder mit.
BEROWNE Es hält mit mir Schritt.

DUMAIN Sir, auf ein Wort: wer ist in Weiß die Dame?
BOYET Die Erbin Alençons, Katherine der Name.
DUMAIN Stattlich, die Lady. Lebt nun wohl, Monsieur. *Ab.*
LONGAVILLE Verzeiht: wer ist die Lady, die dort steht?
BOYET Eine Frau, wenn Ihrs bei Licht beseht.
LONGAVILLE Und wenn bei Dunkelheit? Den Namen will ich.
BOYET Sie hat nur den; ihn wollen wär nicht billig.
LONGAVILLE Herr, wessen Tochter?
BOYET   Ihrer Mutter, hör ich.
LONGAVILLE Bei Eurem Barte schwör ich –
BOYET Nichts für ungut, Sir.
    Maria, die jüngre Lady Falconbridge.
LONGAVILLE   Mein Zorn verraucht.
    Die Lady ist sehr schön.
BOYET So kann man es sehn. *Longaville ab.*

Enter Berowne.

Bero. Whats her name in the capp?

Boy. *Katherin* by good happ.

Ber, Is she wedded or no?

Boy. To her will sir, or so.

Ber. O you are welcome sir, adew.

Boy. Farewell to me sir, and welcome to you.   *Exit Bero.*

Lady Maria. That last is *Berowne*, the merrie madcap L.
　　Not a word with him but a iest.

Boy. And euery iest but a word.

Prin. It was well done of you to take him at his word.

Boy. I was as willing to grapple as he was to boord.

Lady Ka. Two hot Sheepes marie.

Bo. And wherefore not Shipps?
　　No Sheepe (sweete Lambe) vnlesse we feede on your lippes.

La. You Sheepe and I pasture: shall that finish the iest?

Bo. So you graunt pasture for me.

Lad. Not so gentle Beast.
　　My lippes are no Common, though seuerall they be.

Bo. Belonging to whom?

La. To my fortunes and mee.

Prin. Good witts will be iangling, but gentles agree,
　　This ciuill warre of wittes were much better vsed
　　On *Nauar* and his Bookmen, for heere tis abused.

Bo. If my obseruation (which very seldome lyes
　　By the hartes still rethoricke, disclosed with eyes.
　　Deceaue me not now, Nauar is infected.

Prin. With what?

Bo. With that which we Louers intitle Affected.

Prin. Your reason.

Bo. Why all his behauiours did make their retire,
　　To the court of his eye, peeping thorough desier.

BEROWNE Der Name von dem Käppchen ist?

BOYET Rosaline, damit Ihrs wißt.

BEROWNE Ist sie verehelicht?

BOYET Wenn sie nicht will, dann nicht.

BEROWNE Sir, Ihr entschuldigt mich.

BOYET Sir, Ihr mich sicherlich. *Berowne ab.*

MARIA Das war Berowne, der spaßverliebte Lord.
    Ein Wort, ein Scherz.

BOYET   Und wo kein Scherz, kein Wort.

PRINZESSIN Ihr seid erfreulich frisch für Eure Jahre.

BOYET Will mich einer scheren, läßt er Haare.

KATHERINE Die hitzigen Schafe!

BOYET   Schafe?! Böcke! Was,
    Mein Lamm, wächst mir auf deinen Lippen Gras?

KATHERINE Du Bock, ich Weide. Damit schließen wir.

Boyet Wenn ich da grasen darf.

KATHERINE   Nein, gutes Tier:
    Mein Mund ist nicht gemeinfrei, ist in Pacht.

BOYET Bei wem?

KATHERINE   Bei mir, und bei des Schicksals Macht.

PRINZESSIN Wahrer Witz vergibt sich nichts; nur sacht:
    Auf Navarras Bücherwürmer wendet
    Den Witzkrieg. Hier ist er verschwendet.

BOYET Wenn mich mein Scharfblick, der sehr selten fehlt,
    Wo Augen sprechen, was das Herz verhehlt,
    Nicht täuscht, so ist Navarra infiziert.

PRINZESSIN Womit?

BOYET Mit dem, was die, die lieben, affiziert.

PRINZESSIN Eur Grund?

BOYET Sein ganzes Dasein trat den Rückzug an ins Haus
    Des Auges, spähte sehnsuchtsvoll heraus:

His hart like an Agot with your print impressed,
Proud with his forme, in his eye pride expressed.
His tongue all impacient to speake and not see,
Did stumble with haste in his ey-sight to bee,
All sences to that sence did make their repaire,
To feele only looking on fairest of faire:
Mee thought all his senses were lokt in his eye,
As Iewels in Christall for some Prince to buy.   (glast,
Who tendring their owne worth from where they were
Did poynt you to buy them along as you past.
His faces owne margent did coate such amazes,
That all eyes saw his eyes inchaunted with gazes.
Ile giue you *Aquitaine*, and all that is his,
And you giue him for my sake but one louing kisse.

Prin. Come, to our Pauilion, *Boyet* is disposde.

Bo. But to speak that in words, which his eie hath disclosd.
I onelie haue made a mouth of his eie,
By adding a tongue which I know will not lie.

Lad. Thou art an old Loue-monger, & speakest skilfully.

Lad. 2. He is *Cupids* Graundfather, and learnes newes
of him.

Lad. 3. Then was *Venus* like her mother, for her father is
but grim.

Boy. Do you heare my mad Wenches?

Lad. No.

Boy. What then, do you see?

Lad. I, our way to be gone.

Boy. You are too hard for mee.   *Exeunt omnes.*

Sein Herz, wie ein Achat, der Euer Bildnis trägt,
Hat, stolz auf seine Form, mit Stolz den Blick geprägt;
Die Zunge, auf das Auge eifersüchtig,
Nahm nur noch Schauen, nicht mehr Sprechen wichtig;
Zu diesem Sinn entflohn ihm alle Sinne,
So wurden sie der Schönen Schönster inne:
Sie wirkten wie mit seinem Blick verglast,
Wie edle Steine, in Kristall gefaßt,
Die in der Fassung ihren Wert aufdringen,
Und zum Erwerb Euch, im Vorbeigehn, zwingen:
Solch Wunder stand ihm ins Gesicht geschrieben,
Daß alle sahen, wie wir sehend lieben.
Ich schenke Aquitanien Euch, zum Schluß,
Schenkt Ihr ihm, mir zulieb, nur einen Kuß.

PRINZESSIN *Zum Pavillon:* Boyet ist aufgedreht.

BOYET Nur frei zu sagen, was sein Blick errät.
Ich gab nur seinen Augen einen Mund:
Des Zunge, weiß ich, tut, was wahr ist, kund.

MARIA Du bist im Liebeskram ein schlauer Hund.

KATHERINE Er ist Cupidos Opa, lernt nie aus.

ROSALINE Die Venus ähnelt Oma, bei dem Vatergraus.

BOYET Hört, ihr Hühnchen!

MARIA   Nein.

BOYET   Was, ihr wollt sehn?

KATHERINE Ja, wegzukommen.

BOYET   Wer kann euch bestehn! *Alle ab*

Enter *Braggart* and his *Boy.*

Bra. Warble child, make passionate my sense of hearing.
Boy. Concolinel.
Brag. Sweete Ayer, go tendernes of yeeres, take this Key,
     giue enlargement to the Swaine, bring him festinatly hither,
     I must imploy him in a letter to my loue.
Boy. Maister, will you win your loue with a french braule?

Brag. How meanest thou? brawling in French.

Boy. No my complet Maister, but to Iigge off a tune at
     the tongues ende, canarie to it with your feete, humour it
     with turning vp your eylids, sigh a note and sing a note som-
     time through the throate, if you swallowed loue with sing-
     ing loue sometime through: nose as if you snufft vp loue by
     smelling loue with your hat penthouse like ore the shop of
     your eyes, with your armes crost on your thinbellies doblet
     like a Rabbet on a spit, or your handes in your pocket like a
     man after the olde painting, and keepe not too long in one
     tune, but a snip and away: these are complementes, these
     are humours, these betraie nice wenches that would be be-
     traied without these, and make them men of note: do you
     note men that most are affected to these.

Brag. How hast thou purchased this experience?
Boy. By my penne of obseruation.
Brag. But o but o.
Boy. The Hobbie-horse is forgot.
Brag. Calst thou my loue Hobbi-horse.

Dritter Akt 1. Szene

Armado. Moth.

ARMADO Trällere, Kind: bringe mir das Gehör in Wallung.

MOTH *singt.*

ARMADO Süße Weise! Lauf, Zartheit an Jahren; nimm diesen Schlüssel, gib dem Schäfer Auslauf, hierher verbringe ihn ungesäumt; er muß mir einen Brief an die Geliebte bestellen.

MOTH Herr, wollt Ihr die Geliebte per Franzmanntanz gewinnen?

ARMADO Wie meinen? Ihr einen Tanz wie ein Franzmann machen?

MOTH Nein, vollendeter Gebieter; nur ein Liedchen von der Zungenspitze schnellen, mit den Füßen dazu kanarisieren, es mit Augenrollen würzen, eine Note singen, die nächste seufzen, jetzt aus dem Hals, als hättet Ihr Liebe verschluckt, dieweil Ihr von Liebe sangt, jetzt durch die Nase, als hättet Ihr Liebe geschnupft, dieweil Ihr Liebe schnuppertet; mit dem Hut wie ein Strohdach oberhalb der Ladenfenster Eurer Augen; die Arme kreuzweis über dem Magerwämschen, wie ein Karnickel am Spieß; oder schlicht mit der Faust in der Tasche, wie ein Kerl auf ollen Bildern; und nicht lang bei einem Lied aufhalten, sondern Schnipp! und weiter. Das sind Artigkeiten, das sind Fertigkeiten, das verführt die sprödeste Schöne, die sowieso verführbar war; der Mann gefällt (gefällt euch das, Männer?), der sich das zulegt.

ARMADO Wie erwarbst du diese Kenntnisse?

MOTH Für einen Groschen Erfahrung.

ARMADO Doch ach! doch weh! –

MOTH – vergessen ist das Steckenpferd.

ARMADO Du nennst meine Huldin ein Steckenpferd?

Boy. No Maister, the Hobbi-horse is but a colt, and your
  loue perhaps, a hacknie: But haue you forgot your Loue?

Brag. Almost I had.
Boy. Necligent student, learne her by hart.
Brag. By hart, and in hart boy.
Boy. And out of hart Maister: all those three I will
  proue.
Brag. What wilt thou proue?
Boy. A man, if I liue (and this) by, in, and without, vpon the
  instant: by hart you loue her, because your hart cannot come
  by her: in hart you loue her, because your hart is in loue
  with her: and out of hart you loue her, being out of hart
  that you cannot enioy her.
Brag. I am all these three.
Boy. And three times as much more, and yet nothing
  at all.
Brag. Fetch hither the Swaine, he must carrie me a letter.

Boy. A message well simpathisd, a Horse to be embassa-
  doure for an Asse.
Brag. Ha ha, What saiest thou?
Boy. Marrie sir, you must send the Asse vpon the Horse,
  for he is verie slow gated: but I go.
Brag. The way is but short, away.
Boy. As swift as Lead sir.
Brag. The meaning prettie ingenius, is not Lead a mettal
  heauie, dull, and slow?
Boy. Minnime honest Maister, or rather Maister no.
Brag. I say Lead is slow.
Boy. You are too swift sir to say so.
  Is that Lead slow which is fierd from a Gunne?

MOTH Nein, Meister; ein Steckenpferd kommt einem Fohlen gleich und Eure Huldin der Stute. Aber seid Ihr nicht drauf und dran, Eure Huldin zu vergessen?

ARMADO Um ein Haar hätte ich das.

MOTH Ihr seid mir ein Student! Ihr solltet sie auswendig lernen.

ARMADO Auswendig und inwendig, Knabe.

MOTH Und abwendig, Herr: alles drei ich beweisen will.

ARMADO Was willst du beweisen?

MOTH Mich als Mann, falls ich solange lebe; und das Aus, das In, und das Ab, und zwar auf der Stelle; auswendig liebt Ihr, insoweit Ihr nicht in sie dringt; inwendig liebt Ihr, insoweit sie Euch im Herzen sitzt; und abwendig liebt Ihr, insoweit Euch die Zuwendung verboten ist.

ARMADO Dies alles drei bin ich.

MOTH *beiseite* Und noch dreimal mehr, und trotzdem nichts.

ARMADO Schaff den Schäfer her: er soll mir einen Brief austragen.

MOTH *beiseite* Eine passende Post: der Hengst macht dem Esel den Postillon.

ARMADO Ha? Ha? Was sagst du da?

MOTH Na ja, Sir, Ihr solltet den Esel auf einem Hengst schicken, er ist mächtig fußlahm. Doch ich gehe.

ARMADO Der Weg ist nicht weit: hinweg!

MOTH So schnell wie Blei, Sir.

ARMADO Die Deutung, kleiner Schlaukopf?
     Muß Blei nicht plump, nicht schwer und langsam sein?

MOTH Minime, Herr Anstand; oder vielmehr, nein.

ARMADO Ich sage, Blei ist langsam.

MOTH   Und fallt, Sir, prompt herein:
     Ist das Blei langsam, welches aus dem Gewehrlauf kommt?

Brag. Sweete smoke of Rhetorike,
 He reputes me a Cannon, and the Bullet thats hee:
 I shoote thee at the Swaine.
Boy. Thump then, and I flee.
Brag. A most acute Iuuenall, volable and free of grace,
 By thy fauour sweete Welkin, I must sigh in thy face:
 Most rude melancholie, Valour giues thee place.
 My Herald is returnd.
Enter *Page* and *Clowne*.
Pag. A wonder Maister, Heers a *Costard* broken in a shin.

Ar. Some enigma, some riddle, come, thy *Lenuoy* begin.
Clo. No egma, no riddle, no lenuoy, no salue, in thee male sir.
 O sir, Plantan, a pline Plantan: no *lenuoy*, no *lenuoy*, no Salue
 sir, but a Plantan.

Ar. By vertue thou inforcest laughter, thy sillie thought,
 my spleene, the heauing of my lunges prouokes me to radiculous smyling: O pardone me my starres, doth the incon-
 siderate take *salue* for *lenuoy*, and the word *lenuoy* for a *salue*?

Pag. Do the wise thinke them other, is not *lenuoy* a *salue*?

A. No Page, it is an epilogue or discourse to make plaine,
 Some obscure presedence that hath tofore bin saine.
 I will example it.
  The Fox, the Ape, and the Humble-Bee,
   Were still at oddes being but three.
 Ther's the morrall: Now the *lenuoy*.
Pag. I will adde the *lenuoy*, say the morrall againe.
Ar. The Foxe, the Ape, and the Humble-Bee,
 Were still at oddes, being but three.

ARMADO Geliebter Ruch der Rhetorik!
    Er macht mich zum Geschütz, die Kugel er –
    Ich schieß dich nach dem Schäfer.
MOTH   Rumms! Mich gibts nicht mehr. *Ab.*
ARMADO Ein treffliches Jungchen, anmutig und klug!
    Verzeih, Himmelsblau, daß ich Seufzer vortrug,
    Da Melancholie mir den Heldenmut schlug.
    Da ist mein Herold wieder.
                    Moth, Costard.
MOTH Ein Wunder, Herr! Ein Schafskopf, der sich die
    Schweinshax bricht.
ARMADO Ein Enigma, Emblem: bin auf die Lösung erpicht.
COSTARD Nix Nigma, nix einblehm, nix mich mit Lösung
    pichen, Sir. O Sir, bloß Wegerich drauf, nur Wegerich!
    Nix mit Lösung, keine Lösung: nicht mich als pichen, Sir,
    bloß Wegerich!
ARMADO Bei den Heiligen, du erzwingst Gelächter, dein Un-
    fug hebt mir die Milz; das Wogen meiner Lunge ruft ein
    spöttisches Verziehen meiner Lippen hervor: o pardoniert
    mich, meine Sterne! Hält der Ignoramus die Lösung für
    eine Lösung und eine Lösung für die Lösung?
MOTH Was täte der Arzt anderes? Wäre eine Lösung für ihn
    nicht die Lösung?
ARMADO Nein, Page: die Lösung löst am Schluß,
    Was ohne sie ein Knoten bleiben muß.
    Ich will dir ein Beispiel geben:
        Der Fuchs, der Affe, die Biene dabei,
        Stritten ungleich, denn sie waren drei.
    Das ist der Knoten: nun die Lösung.
MOTH Ich weiß die Lösung. Nochmal den Knoten.
ARMADO Der Fuchs, der Affe, die Biene dabei,
        Stritten ungleich, denn sie waren drei.

Pag. Vntill the Goose came out of doore,
　　　And staied the oddes by adding foure.
　Now will I begin your morrall, and do you follow with
　my *lenuoy*.
　　　The Foxe, the Ape, and the Humble-Bee,
　　　Were still at oddes, being but three.
Arm. Vntill the Goose came out of doore,
　　　Staying the oddes by adding foure.
Pag. A good *Lenuoy*, ending in the Goose: woulde you
　desire more?
Clo. The Boy hath sold him a bargaine, a Goose, that's flat.
　Sir, your penny-worth is good, and your Goose be fat.
　To sell a bargaine well is as cunning as fast and loose:
　Let me see a fat *Lenuoy*, I thats a fat Goose.　　(begin?
Ar. Come hither, come hither: How did this argument
Boy. By saying that a Costard was broken in a shin.
　Then cald you for the *Lenuoy*.　　　　　　(in,
Clow. True, and I for a Plantan, thus came your argument
　Then the boyes fat *Lenuoy*, the Goose that you bought,
　and he ended the market.
Ar. But tel me, How was there a *Costard* broken in a shin?

Pag. I will tell you sencibly.
Clow. Thou hast no feeling of it *Moth*, I will speake that
　I *Costard* running out, that was safely within,　(*Lenuoy*.
　Fell ouer the threshold, and broke my shin.

Arm. We will talke no more of this matter.
Clow. Till there be more matter in the shin.
Arm. Sirra *Costard*, I will infranchise thee.
Clow. O marrie me to one Francis, I smell some *Lenuoy*,
　some Goose in this.

MOTH Bis die Gans trat aus der Tür,
    Da stritten sie gleich, denn nun waren sie vier.
Jetzt sage ich Euch den Knoten, und Ihr folgt mit meiner
Lösung.
    Der Fuchs, der Affe, die Biene dabei,
    Stritten ungleich, denn sie waren drei.
ARMADO Bis die Gans trat aus der Tür,
    Da stritten sie gleich, denn nun waren sie vier.
MOTH Eine nette Lösung, die in einer Gans endet:
was wollt Ihr mehr?
COSTARD Der Junge narrt ihn mit der Gans, ich wette.
    Sir, das wars wert, die Gans sei dir ne fette.
    Den Herrn als zu verschaukeln bist du Manns:
    Zu einer fetten Lösung langt mir die fette Gans.
ARMADO Kommt, kommt. Womit fing die Erörterung an?
MOTH Schafskopfs Beinbruch wars, was sie begann.
    Worauf Ihr nach der Lösung riefet.
COSTARD Stimmt als, und ich nach Wegerich; dann
    Kam ihm die fette Lösung, Ihr kauftet ihm die Gans ab,
    Und er machte seinen Marktstand dicht.
ARMADO Aber sprecht, was ist der Sinn, wenn ein
    Schafskopf das Bein bricht?
MOTH Ich werde es Euch sensibel machen.
COSTARD Du fühlst das nich so, Moth: besser werd ich
    ihm diese Lösung aufsagn.
    Ich Schafskopf, ich lief, frei wollt ich sein,
    Fiel über die Schwelle und brach als das Bein.
ARMADO Wir wollen nicht mehr von der Sache sprechen.
COSTARD Bis das Bein zur Sache kommt.
ARMADO Freund Costard, ich will dich befreien.
COSTARD O! Er will, ich soll freien – wenn das als
    nich nach was wie Lösung riecht, nach was wie Gans.

Arm. By my sweete soule, I meane, setting thee at libertie.
  Enfreedoming thy person: thou wert emured, restrained,
  captiuated, bound.
Clown. True, true, and now you wilbe my purgation,
  and let me loose.
Arm. I giue thee thy libertie, set thee from durance, and in
  lewe thereof, impose on thee nothing but this: Beare this
  significant to the countrey Maide *Iaquenetta*: there is remuneration, for the best ward of mine honour, is rewarding
  my dependants. *Moth*, follow.

Pag. Like the sequell I. Signeur *Costard* adew.   *Exit.*
Clow. My sweete ouce of mans flesh, my in-conie Iew:
  Now will I looke to his remuneration.
  Remuneration, O that's the latine word for three-farthings:
  Three-farthings remuration, What's the price of this yncle?
  i.d. no, Ile giue you a remuneration: Why? it carries it re-
  muneration: Why? it is a fayrer name then French-Crowne.
  I will neuer buy and sell out of this word.
                    Enter Berowne.
Ber. O my good knaue *Costard*, exceedingly well met.
Clow. Pray you sir, How much Carnation Ribbon may
  a man buy for a remuneration?
Ber. O what is a remuneration?
Cost. Marie sir, halfepennie farthing.
Ber. O, why then threefarthing worth of Silke.
Cost. I thanke your worship, God be wy you.
Ber. O stay slaue, I must employ thee.
  As thou wilt win my fauour, good my knaue,
  Do one thing for me that I shall intreate.
Clow. When would you haue it done sir?
Ber. O this after-noone.

ARMADO Bei meiner sterblosen Seele, ich meine, dich
in Freiheit setzen, deine Person befreiheiten: du warst
vermauert, verhindert, versperrt, verstopft.

COSTARD Wohl wahr, und nun gebt Ihr mein Purgativ ab
und laßt mich als laufen.

ARMADO Ich gebe dir Freiheit ab, überhebe dich deiner Haft;
und, an Stelle derselben, auferlege ich dir nichts als dies: trage
dieses Schrifttum zu dem Landmädchen Jaquenetta. Da hast
du Remuneration; denn am meisten kommt mir Ehre zu,
lasse ich meinen Untergeordneten etwas zukommen. Moth,
folge. *Ab.*

MOTH Als Konsekutio ich. Signior, bleibt artig.

COSTARD Paß auf, du Unze Mannsfleisch, auf dich wart ich!
Moth ab. Jetzt als zu seiner Remuneration. Remuneration! O,
das is als lateinsch und heißt drei Kreuzer: drei Kreuzer machen eine Remuneration. ›Was kostet das Band?‹ ›Drei Kreuzer.‹ ›Nee, ich geb eine Remuneration dafür, wieso nich, das
isses mir wert.‹ Remuneration! Klingt nach mehr als was es is.
Ohne das Wort kauf und verkauf ich als nix mehr.

Berowne.

BEROWNE Ah, Kamerad Costard! Das trifft sich bestens.

COSTARD Bitte, Sir, wieviel rotes Band kann man als für eine
Remuneration kaufen?

BEROWNE Wieviel macht die Remuneration?

COSTARD Mein Seel, Sir, drei Kreuzer.

BEROWNE Nun also, soviel wie für drei Kreuzer zu haben ist.

COSTARD Ich dank Euer Gnaden. Gott sei mit Euch!

BEROWNE Warte, Bauer! Ich habe Arbeit für dich:
Willst du bei mir in Gunst stehn, Kamerad,
Tust du für mich das, was ich dir sage.

COSTARD Wann wollt Ihr als, daß es getan wird, Sir?

BEROWNE Heute nachmittag.

Clow. Well, I will do it sir: Fare you well.
Ber. O thou knowest not what it is.
Clow. I shall know sir when I haue done it.
Ber. Why villaine, thou must know first.
Clow. I will come to your worship to morrow morning.
Ber. It must be done this after noone,
 Harke slaue, it is but this:
 The Princesse comes to hunt here in the Parke,
 And in her traine there is a gentle Ladie:
 When tongues speake sweetely, then they name her name,
 And *Rosaline* they call her, aske for her:
 And to her white hand see thou do commend
 This seald-vp counsaile. Ther's thy guerdon: goe.
Clow. Gardon, O sweete gardon, better then remuneratiõ.
 a leuenpence-farthing better: most sweete gardon. I will
 do it sir in print: gardon remuneration.   *Exit.*
Ber. O and I forsoth in loue, I that haue been loues whip?

 A verie Bedell to a humerous sigh, a Crietick, nay a night-
 watch Constable,
 A domineering pedant ore the Boy, then whom no mor-
 tall so magnificent.
 This wimpled whyning purblind wayward Boy,
 This signior *Iunios* gyant dwarffe, dan *Cupid*,
 Regent of Loue-rimes, Lord of folded armes,
 Th'annoynted soueraigne of sighes and groones:
 Liedge of all loyterers and malecontents:

 Dread Prince of Placcats, King of Codpeeces.
 Sole Emperator and great generall
 Of trotting Parrators (O my litle hart.)
 And I to be a Corporall of his fielde,

COSTARD Schön, tu ichs als, Sir. Lebt wohl.

BEROWNE Du weißt nicht, was es ist.

COSTARD Werd ich, Sir, wenn ichs getan hab.

BEROWNE Wie denn, du Gauner, wenn dus nicht vorher weißt.

COSTARD Ich schau morgen früh bei Euer Gnaden vorbei.

BEROWNE Es muß heute nachmittag sein. Hör zu, Bauer, es
geht darum:
Die Prinzessin jagt heut hier im Park,
Zu ihrem Hof zählt eine edle Dame;
Wer von der Schönheit spricht, nennt ihren Namen,
Und der ist Rosaline: du fragst nach ihr,
Und siehst, daß du ihr, in die weiße Hand,
Die Briefschaft übergibst. Hier, dein Salaire. Geh.

COSTARD Salär! O schönes Salär! Besser wie Remuneration,
neun ganze Kreuzer besser. Du schönes Salär! Ich tu das,
Sir, aufn Punkt. Remuneration? Salär! *Ab.*

BEROWNE Und ich, in vollem Ernst, verliebt!
Ich, der der Liebe eine Geißel war,
Ein wahrer Büttel jedem armen Seufzer;
Ein Kritikaster, nein, ein Strafverfolger,
Schulmeisternder Pedant dem Flügelknaben,
Dem doch kein Sterblicher die Riemen löst!
Der achtlos blinde, launenreiche Bengel,
Der Riesenzwerg, wie ihn der Römer malte
Don Cupido, Lord der Liebesreime
Fürst gekreuzter Arme, das gesalbte
Oberhaupt des Seufzens und des Stöhnens
Der Lehnsherr aller Bummler und Betrübten
Regent der Röcke, Herr der Hosenlätze,
Der Imperator und der General
Von Zucht und Sitte: o mein kleines Herz!
Ich steh für ihn im Feld als Korporal,

And weare his coloures like a Tumblers hoope.
What? I loue, I sue, I seeke a wife,
A woman that is like a Iermane Cloake,
Still a repairing: euer out of frame,
And neuer going a right, being a Watch:
But being watcht, that it may still go right.
Nay to be periurde, which is worst of all:
And among three to loue the worst of all,
A whitly wanton, with a veluet brow,
With two pitch balles stucke in her face for eyes)
I and by heauen, one that will do the deede,
Though *Argus* were her eunuch and her garde.
And I to sigh for her, to watch for her,
To pray for her, go to: it is a plague
That *Cupid* will impose for my neglect,
Of his almightie dreadfull little might.
Well, I will loue, write, sigh, pray, shue, grone,
Some men must loue my Ladie, and some Ione.

*Enter the Princesse, a Forrester, her Ladyes,
and her Lordes*

Quee. Was that the king that spurd his horse so hard,
   Against the steepe vp rising of the hill?
Forr. I know not, but I thinke it was not he.
Quee. Who ere a was, a showd a mounting minde.
   Well Lords, to day we shall haue our dispatch,
   Ore Saterday we will returne to Fraunce.
   Then Forrester my friend, Where is the Bush

In seinen Farben, wie sein Akrobat!
Wie! Ich liebe! Bettle! Laufe einer
Frau nach! Einer Frau wie eine Uhr
Aus Deutschland, hoch empfindlich, die, kaum hat man
Sie gestellt, schon wieder falsch geht und
Dich nach der Zeit fragt, die sie wissen sollte!
Und dann der Meineid, was das Schlimmste ist;
Und von den drein die, die die Schlimmste ist;
Ein blasses Luder mit schwarzsamtner Braue,
Mit Seen aus Pech als Augen im Gesicht;
Und, beim Himmel, eine, die es tut,
Wär Argus selbst auch ihr Eunuch und Wächter:
Und ich muß um sie seufzen! Um sie wachen!
Muß um sie beten! Geh, das sind die Plagen,
Die mir Cupido schickt, weil ich sein Reich,
Das ungeheuer große, schrecklich kleine,
Durchaus auf keiner Karte finden wollte.
Auf denn! Schmachte, reime, seufze, bete:
Du liebst sie ja, ganz so wie Hans die Grete. *Ab.*

Vierter Akt 1. Szene

Prinzessin, Maria, Katherine, Rosaline. Boyet.
Ein Förster.

PRINZESSIN Der Reiter, der am Steilhang seinem Pferd
  So hart die Sporen gab, war das der König?
BOYET Ich weiß es nicht; ich meine, er wars nicht.
PRINZESSIN Wer es auch war, er zeigte steilen Mut.
  Nun, heute soll uns Antwort werden, Ladies;
  Am Samstag kehren wir zurück nach Frankreich.
  Jetzt aber, Förster, wo ist das Gebüsch,

That we must stand and play the murtherer in?
Forr. Heereby vpon the edge of yonder Coppice,
    A Stand where you may make the fairest shoote.
Quee. I thanke my Beautie, I am faire that shoote,
    And thereupon thou speakst the fairest shoote.
Forr. Pardon me Madam, for I meant not so.
Quee. What, what? First praise mee, and againe say no.
    O short liu'd pride. Not faire? alacke for woe
For. Yes Madam faire.
Quee. Nay, neuer paint me now,
    Where faire is not, praise cannot mend the brow.
    Heere (good my glasse) take this for telling trew:
    Faire payment for foule wordes, is more then dew.
For. No thing but faire is that which you inherrit.
Quee. See see, my beautie wilbe sau'd by merrit.
    O heresy in faire, fit for these dayes,
    A giuing hand, though fowle, shall haue faire praise.
    But come, the Bow: Now Mercie goes to kill,
    And shooting well, is then accounted ill:
    Thus will I saue my Credite in the shoote,
    Not wounding, pittie would not let me doote.
    If wounding then it was to shew my skill,
    That more for praise, then purpose meant to kill.
    And out of question so it is sometimes:
    Glorie growes guyltie of detested crimes,
    When for Fames sake, for praise an outward part,
    We bend to that, the working of the hart.
    As I for praise alone now seeke to spill
    The poore Deares blood, that my hart meanes no ill.
Boy. Do not curst wiues hold that selfe-soueraigntie
    Onely for praise sake, when they striue to be
    Lords ore their Lordes?

In dem wir stehn solln und den Mörder spielen?
FÖRSTER Ganz nahebei, am Saum des Wäldchens drüben:
    Vom Jagdstand dort habt Ihr das schönste Schußfeld.
PRINZESSIN Dank meiner Schönheit; ich bin schön, die schießt,
    Weswegen du als schön ein Schußfeld siehst.
FÖRSTER Madam, so wars nicht gemeint, verzeiht.
PRINZESSIN Wie? Erst wird gepriesen, dann bereut?
    O kurzer Ruhm! Nicht schön? O du mein Leid!
FÖRSTER Doch, Madam, schön.
PRINZESSIN   Nein, jetzt bemal mich nicht:
    Wo schön fehlt, flickt kein Lobpreis ein Gesicht.
    Hier, liebes Spieglein, du sprachst wahr, drum nimm:
    Mehr als schön Geld ists, denn dein Spruch war schlimm.
FÖRSTER Die Schönheit ist nur da, wo Ihr verweilt.
PRINZESSIN Seht, wie die Münze meinen Makel heilt!
    O Ketzerei, in der die Zeit sich übt:
    Schön nennen sie die Klaue, wenn sie gibt.
    Doch kommt, den Bogen: Mitleid tötet nun,
    Ein guter Schuß ist ein verwerflich Tun.
    Und so sorg ich, daß sich mein Ruf nicht mindert:
    Treffe ich nicht, hat Mitleid mich behindert;
    Und treffe ich, dann nicht des Tötens wegen,
    Bloß um durch Könnerschaft Lob zu erregen.
    Denn Ehrsucht, wie wir immer wieder sehen,
    Wird schuldig an den scheußlichsten Vergehen,
    Wenn wir, um schalen Ruhms und Beifalls willen
    Das, was die Welt wünscht, kalten Sinns erfüllen.
    Ganz so vergießt mein Ehrgeiz jetzt das Blut
    Des armen Tiers, dem ich von Herzen gut.
BOYET Die böse Frau, strebt sie nach Selbstherrschaft
    Aus Ehrgeiz nicht, wenn sie mit aller Kraft
    Herr ihres Manns sein will?

Quee. Onely for praise, and praise we may afford,
   To any Lady that subdewes a Lord.

Enter Clowne.

Boyet, Here comes a member of the common wealth.
Clo. God dig-you-den al, pray you which is the head lady?

Que. Thou shalt know her fellow by the rest that haue no
Clow. Which is the greatest Ladie, the highest?   (heads.
Quee. The thickest, and the tallest.
Clow. The thickest, and the tallest: it is so, trueth is trueth.
   And your waste Mistrs were as slender as my wit,
   One a these Maides girdles for your waste should be fit.
   Are not you the chiefe woman? You are the thickest heere.
Quee. Whats your will sir? Whats your will?
Clow. I haue a Letter from Monsier *Berowne,*
   to one Ladie *Rosaline.*
Que. O thy letter, thy letter: He's a good friend of mine.
   Stand a side good bearer. *Boyet* you can carue,
   Breake vp this Capon.
Boyet I am bound to serue.
   This letter is mistooke: it importeth none heere.
   It is writ to *Iaquenetta.*
Quee. We will reade it, I sweare.
   Breake the necke of the Waxe, and euery one giue eare.
Boyet reedes. BY heauen, that thou art faire, is most infallible:
   true that thou art beautious, trueth it selfe that
   thou art louelie: more fairer then faire, beautifull then beau-
   tious, truer then trueth it selfe: haue comiseration on thy
   heroicall Vassall. The magnanimous and most illustrate
   King *Cophetua* set eie vpon the pernicious and indubitate
   Begger *Zenelophon:* and he it was that might rightly say,
   Veni, vidi, vici: Which to annothanize in the vulgar, O base

PRINZESSIN Aus Ehrgeiz; und verehren soll die Welt
Die Lady, die den Mann am Boden hält.

Costard.

BOYET Hier naht ein Volksvertreter.

COSTARD Gunahmt mnander. Welches is gehorsamst die
Hauptlady?

PRINZESSIN Du erkennst sie, Freund, an dem kopflosen Rest.

COSTARD Welche ist als die größte Lady, die höchste?

PRINZESSIN Die dickste und die längste.

COSTARD Die dickste und die längste! Stimmt; wohl wahr.
Wär eure Hüfte, Fräulein, dürr wie mein Verstand,
Fänd bei den Mädchen für die Hüfte sich ein Band.
Bist Du nicht die Hauptfrau? Du bist als die Dickste.

PRINZESSIN Was wünschen Sie, Sir? Was wünschen Sie?

COSTARD *zeigt einen Brief.*
Von Musjöh Berowne anne Lady Rosaline hier.

PRINZESSIN O! Den Brief! Den Brief! Es ist ein Freund von mir.
Jetzt geh beiseite. Boyet, Ihr könnt tranchieren;
Zerlegt mir den Kapaun.

BOYET   Ich habe zu servieren.
Er ist falsch zugestellt, geht uns nichts an:
Er ist an Jaquenetta.

PRINZESSIN   Lesen, Mann.
Dem Wachs brich das Genick; zuhört, wer kann.

BOYET *liest* »Beim Himmel, Du bist schön, das ist unwiderleg-
lich; wahr ist, Du bist prachtvoll; die Wahrheit selbst kann
nicht liebreizender sein. Du Schönere als Schöne, Prächti-
gere als Prachtvolle, Wahrere als Wahrheit selbst, habe Mit-
leid mit Deinem heldenhaften Sklaven! Der edelmütige und
höchst ruhmreiche König Cophetua warf ein Auge auf das
verderbte und indubitable Bettelweib Zenelophon, und er
war es, der mit Fug und Recht den Ausspruch tat: veni, vidi,

and obscure vulgar; *videliset*, He came, See, and ouercame: He came, one; see, two; ouercame, three. Who came? the King. Why did he come? to see. Why did he see? to ouercome. To whom came he? to the Begger. What saw he? the Begger. Who ouercame he? the Begger. The conclusion is victorie: On whose side? the King: the captiue is inricht, on whose side? the Beggers. The catastrophe is a Nuptiall, on whose side? the Kinges: no, on both in one, or one in both. I am the King (for so standes the comparison) thou the Begger, for so witnesseth thy lowlines. Shall I commande thy loue? I may. Shall I enforce thy loue? I coulde. Shall I entreate thy loue? I will. What, shalt thou exchange for raggs roabes, for tittles tytles, for thy selfe, mee. Thus expecting thy replie, I prophane my lippes on thy foote, my eyes on thy picture, and my hart on thy euerie part.

> *Thine in the dearest designe of industri,*
> Don Adriana de Armatho.

Thus dost thou heare the nemean Lion roare,
Gainst thee thou Lambe, that standest as his pray:
Submissiue fall his princely feete before,
And he from forrage will incline to play.
  But if thou striue (poore soule) what art thou then?
  Foode for his rage, repasture for his den.

Quee. What plume of fethers is he that indited this letter?
  What vaine? What Wethercock? Did you euer heare better?

Boy. I am much deceiued, but I remember the stile.

Quee. Els your memorie is bad, going ore it erewhile.

Boy. This *Armado* is a *Spaniard* that keepes here in court,

vici, dessen pöbelhaft – o niederer und unfeiner Pöbel – annotieretes videlicet lautet: er kam, er sah, er siegte: er kam, erstens; sah, zweitens; siegte, drittens. Wer kam? Der König. Warum kam er? Zu sehen. Warum kam er zu sehen? Um zu siegen. Zu wem kam er? Zu dem Bettelweib. Was sah er? Das Bettelweib. Wen besiegte er? Das Bettelweib. Die Konklusion heißt Triumph: wessen? Des Königs. Die Unterwerfung beglückt: wen? Das Bettelweib. Die Tragödie schließt hochzeitlich: für wen? Für den König; nein, für beide ineins oder ineins für beide. Ich bin der König, denn also stehet die Vergleichung; Du das Bettelweib, denn also bezeuget es Dein unterer Stand. Soll ich Dir, mich zu lieben, befehlen? Ich darfs. Soll ich Dich, mich zu lieben, zwingen? Ich kanns. Soll ich Dich, mich zu lieben, anflehn? Ich wills. Was wirst Du tauschen gegen Lumpen? Lackschuhe. Gegen Armut? Adel. Gegen Dich selbst? Mich. Dergestalt, in Erwartung Deiner Entgegnung, profaniere ich meine Lippe auf Deinem Fuß, mein Auge auf Deiner Erscheinung, und mein Herz auf Deinem Alles.

   Der Deinige im Umstand hingebungsvollster Eifrigkeit
      DON ADRIANO DE ARMADO
So hörest Du Nemeas Löwen brüllen
Nach Dir, Du Lamm, das ihm zur Beute fiel;
Beug Dich seinem königlichen Willen,
Und sein Verschlingen wandelt sich in Spiel.
Doch sträubst Du dich, was bist Du, arme Seele?
Futter seiner Wut, ein Mahl ihm in der Höhle.«
PRINZESSIN Wessen Pfauenfeder ist der Brief entflossen?
   Wer gockelt so? Vernahmt ihr bessren Possen?
BOYET Wenn ich nicht irre, kenne ich den Stil.
PRINZESSIN Den Schreiber auch? Von ihm erhoff ich viel.
BOYET Armado ist ein Spanier, der hier den Hof bemannt,

A Phantasime a Monarcho, and one that makes sport
To the Prince and his Booke-mates.
Quee. Thou fellow, a worde.
Who gaue thee this letter?
Clow. I tolde you, my Lord.
Quee. To whom shouldst thou giue it?
Clow. From my Lord to my Ladie.
Quee. From which Lord, to which Ladie?

Clow. From my Lord *Berowne*, a good Maister of mine,
To a Ladie of France, that he calde *Rosaline.*
Quee. Thou hast mistaken his letter. Come Lords away.
Here sweete, put vp this, twilbe thine annother day.

Boy. Who is the shooter? Who is the shooter?
Rosa. Shall I teach you to know.
Boy. I my continent of beautie.
Rosa. Why she that beares the Bow. Finely put off.

Boy. My Lady goes to kill hornes, but if thou marrie,
hang me by the necke, if horns that yeere miscarrie.
Finely put on.
Rosa. Well then I am the shooter.
Boy. And who is your Deare?
Rosa. If we choose by the hornes, your selfe come not
neare. Finely put on in deede.
Maria. You still wrangle with her *Boyet*, and she strikes
at the brow.
Boyet. But she her selfe is hit lower: Haue I hit her now?
Rosa. Shall I come vpon thee with an olde saying, that
was a man when King *Pippen* of Frannce was a litle boy, as
touching the hit it.

Ein Phantast, ein Irrer, den König Ferdinand
Und seine Buchgesellen als ihren Narrn ansehn.

PRINZESSIN Ein Wort, mein Freund. Der Brief kam dir durch
wen?

COSTARD Ich sags als; von meim Herrn.

PRINZESSIN   An wen?

COSTARD   An seine Dame.

PRINZESSIN Dein Herr und diese Lady: wie, sagst du, war ihr
Name?

COSTARD Von meim Herrn Berowne soll der Brief als sein
Anne Lady von Frankreich, wo heißt Rosaline.

PRINZESSIN Du hast den Brief verwechselt. Kommt, ihr Damen.
Herzchen, stecks weg, er weiß schon deinen Namen.

Prinzessin, Katherine ab.

BOYET Wer ist verschossen? Wer?

ROSALINE   Soll ichs Euch sagen?

BOYET Ja, mein schönes Kind.

ROSALINE   Der Pfeil beim Jagen.
Und getroffen!

BOYET Meine Lady schießt Hörner; doch wenn Ihr wen angelt,
Hängt mich, wenns in dem Jahr uns an Hörnern mangelt.
Wiederum getroffen!

ROSALINE Dann bin ich nicht verschossen.

BOYET   Und fliegst auf welchen Hirsch?

ROSALINE Geht es nach dem Horn, so meidet meine Pirsch.
Gut getroffen, bei Gott!

MARIA Ihr zappelt, Boyet, und sie zielt auf die Stirn.

BOYET Ich aber traf sie tiefer: hab ich sie jetzt im Zwirn?

ROSALINE Soll ich mit einem alten Vers über Euch kommen,
der, was das Treffen angeht, ein Kerl war, als König Pippin
noch in die Windeln machte?

Boy. So I may answere thee with one as olde that was a
  woman when queene *Guinouer* of Brittaine was a litle wench
  as toching the hit it.
Rosa. Thou canst not hit it, hit it, hit it,
  Thou canst not hit it my good man.   *Exit.*
Boy. And I cannot, cannot, cannot: and I cannot, an other
                                                              (can,
Clo. By my troth most plesant, how both did fit it.
Mar. A marke marueilous wel shot, for they both did hit.
Bo. A mark, O mark but that mark: a mark saies my Lady.
  Let the mark haue a prick in't, to meate at, if it may be.
Mar. Wide a'the bow hand, yfaith your hand is out.
Clo. Indeed a'must shoot nearer, or hele neare hit the clout.

Boy. And if my hand be out, then belike your hand is in.

Clo. Then will she get the vpshoot by cleauing the is in.
Ma. Come come, you talke greasely, your lips grow fowle.
Cl. Shes to hard for you at pricks, sir challeng her to bowle
Bo. I feare too much rubbing: good night my good owle.

Clo. By my soule a Swaine, a most simple Clowne.
  Lord, Lord, how the Ladies and I haue put him downe.
  O my troth most sweete iestes, most inconic vulgar wit,
  When it comes so smoothly off, so obscenly as it were, so fit.
  Armatho ath toothen side, o a most daintie man,
  To see him walke before a Lady, and to beare her Fann.
  To see him kisse his hand, & how most sweetly a wil sweare:
  And his Page atother side, that handfull of wit,
  Ah heauens, it is most patheticall nit.
  Sowla, sowla.   *Exeunt. Shoot within.*

BOYET Dann darf ich mit einem ebenso alten antworten, der
was das Treffen angeht, ein Weib war, als die Königin Gi-
nevra von Britannien noch Puppen spielte.

ROSALINE Du kannst nicht treffen, treffen, treffen,
Du kannst nicht treffen, guter Mann. *Ab.*

BOYET Und kann ich nicht, ich nicht, ich nicht,
Und kann ich nicht, wer anders kann.

COSTARD Mein Seel, sehr schön; und sind nich mal besoffen.

MARIA Genau ins Schwarze haben sie getroffen.   [fleht:

BOYET Ins Schwarze! O ins Schwarz mir! Wie mich die Lady
Den Bolzen mir ins Schwarze, so fest es immer geht.

MARIA Daneben. Eure Hand folgt Eurem Kopf nicht.

COSTARD Klar, er muß dicht ran, sonst trifft er nie den Knopf
nicht.

BOYET Stehts so mit meiner Hand, werkt Euer Händchen tüch-
tig.

COSTARD Sie schießt den Vogel ab, greift sie den Bolzen richtig.

MARIA Komm, komm, du Schmutzfink; bist hier nicht zuhaus.

COSTARD Bei Bolzen bleibt sie hart; Sir, holt die Kugeln raus.

BOYET Ich fürchte den Anprall. Gute Nacht, gute Maus.

                    Boyet, Maria ab.

COSTARD Mein Seel, nochn Schäfer! Der hat alsn Sparren!
Was hatten die Ladies und ich den zum Narren!
Meiner Treu, wasn Jux! Schön schweinischer Witz!
Kam als glatt und als säuisch, und fix wie der Blitz.
Hier ham wir Ramado, o, wasn Großsprecher,
Dem steckt seine Feder in der Schlampe ihrm Fächer!
Die Hand küßt er ihr! Und wie er als schwört!
Und sein Page dabei, die witzige Motte!
Ach, Himmel, wasne pathetische Plotte. *Ab.*

Enter *Dull, Holofernes*, the *Pedant* and *Nathaniel.*

Nat. Very reuerent sport truly, and done in the testimonie
   of a good conscience.

Ped. The Deare was (as you know) sanguis in blood, ripe
   as the Pomwater, who now hangeth like a Iewel in the eare
   of *Celo* the skie, the welken the heauen, & anon falleth like
   a Crab on the face of *Terra*, the soyle, the land, the earth.

Curat Nath. Truely M. *Holofernes*, the epythithes are
   sweetly varried like a scholler at the least: but sir I assure ye
   it was a Bucke of the first head.

Holo. Sir *Nathaniel, haud credo.*

Dul. Twas not a *haud credo*, twas a Pricket.

Holo. Most barbarous intimation: yet a kind of insinuation, as it were in *via*, in way of explication *facere*: as it were
   replication, or rather *ostentare*, to show as it were his inclina-
   tion after his vndressed, vnpolished, vneducated, vnpruned,
   vntrained, or rather vnlettered, or ratherest vnconfirmed fashion, to insert again my *haud credo* for a Deare.

Dul. I said the Deare was not a *haud credo*, twas a Pricket.

Holo. Twice sodd simplicitie, bis coctus, O thou monster
   ignorance, How deformed doost thou looke.

Nath. Sir he hath neuer fed of the dainties that are bred
   in a booke.

2. Szene

Holofernes, Sir Nathaniel, Dull.

NATHANIEL Sehr würdiger Zeitvertreib das: und vollbracht
mit dem Beistand eines lauteren Gewissens.

HOLOFERNES Der Hirsch stand, wie Ihr wißt, in sanguis, im
Saft; reif wie ein Goldparmän, der eben noch gleich einem
Juwel abhanget vom Ohre, coeli, des Himmels, des Him-
melszelts, des Himmelsgewölbes; und jählings, wie ein
Holzapfel, herabfällt aufs Angesicht terrae, des Bodens, des
Landes, der Erde.

NATHANIEL Gekonnte Variation das der substantiva, Meister
Holofernes, würdig zum wenigsten eines Gelehrten: jedoch,
Sir, laßt Euch versichern, es war ein Bock vom ersten Kopf.

HOLOFERNES Sir Nathaniel, haud credo.

DULL Es war kein Hautcremo, es warn Spießer.

HOLOFERNES Äußerst widrige Intimation! Doch zugleich eine
Art Insinuation, sozusagen in via, im Wege, einer Explika-
tion; facere sozusagen Replikation, oder vielmehr, ostentare,
zur Schau stellen, sozusagen seiner Inklination, gemäß seiner
ungesitteten, ungeschliffenen, ungebildeten, unerzogenen,
ungehobelten oder vielmehr unbelesenen oder noch mehr
ungefirmten Art und Weise – zu unterstellen, mein haud
credo sei ein Stück Wild.

DULL Ich sagte, das Stück war kein Hautcremo; es war ein
Spießer.

HOLOFERNES Zwiebackene Einfalt, bis coctus!
O du Drache der Dummheit, wie mißgeschaffen ist dein
Anblick!

NATHANIEL Sir, ihn nährten nicht Leckerbissen aus Büchern.
Nicht speiste er Pergament, trank sozusagen nicht Tinte.

He hath not eate paper as it were: he hath not drunke inck.
His intellect is not replenished, he is only an annimall, only
sensible in the duller partes: and such barren plantes are
set before vs, that we thankful should be: which we taste,
and feeling, are for those partes that doe fructifie in vs
more then he.   (foole,
For as it would ill become me to be vaine, indistreell, or a
So were there a patch set on Learning, to see him in a schole.
But *omne bene* say I, being of an olde Fathers minde,
Many can brooke the weather, that loue not the winde.

Dul. You two are book-men, Can you tel me by your wit,
   What was a month old at Cains birth, that's not fiue weeks
   old as yet?
Holo. *Dictisima* goodman *Dull, dictisima* goodman *Dull.*
Dul. What is *dictima?*
Nath. A title to *Phebe,* to *Luna,* to the *Moone.*   (more
Holo. The Moone was a month old when *Adam* was no
   And rought not to fiue-weeks when he came to fiuescore.
   Th'allusion holdes in the Exchange.

Dul. Tis true in deede, the Collusion holdes in the Exchange.
Holo. God comfort thy capacitie, I say th'allusion holdes
   in the Exchange.
Dul. And I say the polusion holdes in the Exchange: for
   the Moone is neuer but a month olde: and I say beside
   that, twas a Pricket that the Princesse kild.
Holo. Sir *Nathaniel,* will you heare an extemporall Epy-
   taph on the death of the Deare, and to humour the ignorault cald the Deare: the Princesse kild a Pricket.

Nath. *Perge,* good M. *Holofernes perge,* so it shall please
   you to abrogate squirilitie.

Sein Geist ist unbebauet; er ist nur Tier, empfindsam nur in den
unsauberen Teilen: und solch totes Holz wird vor uns geset-
zet, auf daß wir Dank sagen,
wir, denen gegeben ist, zu fühlen und zu erkennen und
Frucht zu tragen.
Denn wie mir nicht Eitelkeit ansteht, noch Schwatzsucht,
noch Narrheit,
So erweichte die Schulbank nicht seine Starrheit.
Doch omne bene, wie ein Kirchenvater spricht:
Mancher redet vom Sturm und kennet den Wind nicht.

DULL Ihr zwei Bücherkerle: sagt mir, ob ihr wißt,
Was bei Kains Geburt n Monat alt war, und noch nicht fünf
Wochen ist?

HOLOFERNES Dictynna, guter Dull; guter Dull, Dictynna.

DULL Was ist Dickdünna?

NATHANIEL Ein Titel der Phoebe, der Luna, des vollen Mondes.

HOLOFERNES Der Vollmond war einen Monat alt, als Adam
nicht älter war;
Und keine fünf Wochen war er alt, als Adam fünfzig Jahr.
Die Allusion übersteht den Austausch.

DULL Das stimmt: die Kollision übersteht den Austausch.

HOLOFERNES Gott helfe dir denken! Ich sagte, die Allusion
übersteht den Austausch.

DULL Und ich sage, die Kollision übersteht den Austausch, denn
der Vollmond ist nie älter als einen Monat; und ich sage weiter, was die Prinzessin erlegt hat, das war ein Spießer.

HOLOFERNES Sir Nathaniel, wollt Ihr ein extemporiertes Epitaph
auf den Tod des Hirsches hören? Und, um der Einfalt gefällig
zu sein, werde ich den Hirschen, welchen die Prinzessin erlegt hat, einen Spießer nennen.

NATHANIEL Perge, bester Meister Holofernes, perge; sofern es
Euch beliebt, vermeidet Seichtigkeit.

Holo. I wil somthing affect the letter, for it argues facilitie.
    The prayfull Princesse pearst and prickt
      a prettie pleasing Pricket,
    Some say a Sore, but not a sore,
      till now made sore with shooting.
    The Dogges did yell, put ell to Sore,
      then Sorell iumps from thicket:
    Or Pricket-sore, or els Sorell,
      the people fall a hooting.
    If Sore be sore, then el to Sore,
      makes fiftie sores o sorell:
    Of one sore I an hundred make
      by adding but one more l.
Nath. A rare talent.
Dull. If a talent be a claw, looke how he clawes him
with a talent.
Nath. This is a gyft that I haue simple: simple, a foolish
extrauagant spirit, full of formes, figures, shapes, obiectes,
Ideas, aprehentions, motions, reuolutions. These are begot in
the ventricle of Memorie, nourisht in the wombe of primater, and deliuered vpon the mellowing of occasion: But the
gyft is good in those whom it is acute, and I am thankfull
for it.

Holo. Sir, I prayse the L. for you, and so may my parishi-
oners, for their Sonnes are well tuterd by you, and their
Daughters profite very greatly vnder you: you are a good
member of the common wealth.

Nath. Me hercle, yf their Sonnes be ingenous, they shal
want no instruction: If their Daughters be capable, I will

HOLOFERNES Ich alliteriere; das erzeugt Leichtigkeit.
  Preiswürdig spannt die Prinzessin,
    daß den Spießer sie spicke;
  Andre sagen das Kitz
    doch kitzeln mochte der Pfeil;
  Die Jagdmeute jault,
    dem Röhricht entrinnt eine Ricke;
  Doch ob Spießer, ob Kitz oder Ricke,
    erjaget wirds alleweil.
  Aber seht, welch ein waidmännisch Wunder
    harret herrlich der Pirsch:
  Trefflich traf sie den Spießer,
    zur Strecke legt man den Hirsch.
NATHANIEL Ein rares Talent.
DULL Wenn Dichten Kunst ist, dann ist nicht ganz dicht sein
  keine Kunst.
HOLOFERNES Es handelt sich simpel um eine simple Begabung
  meinerseits; ein unsinniger, ausschweifender Kopf, voller
  Formen, Figurationen, Gestaltungen, Gegenständlichkeiten,
  Einbildungen, Ahnungen, Bewegungen, Umschwünge:
  welche empfangen werden in dem Gewölbe der Erinne-
  rung, ausgetragen im Schoße der pia mater, und entbunden
  bei passender Gelegenheit. Doch frommt die Begabung nur
  solchen, welche ihr gewachsen sind, und dafür fühle ich
  Dankbarkeit.
NATHANIEL Sir, ich preise den Herrn um Euretwillen, und
  meine Pfarrkinder folgen mir darin nach; denn ihre Söhne
  werden von Euch zu ihrem Besten herangenommen, und
  ihre Töchter erblühen unter Euch: Ihr seid ein tüchtiges
  Glied der Gemeinde.
HOLOFERNES Mehercle, sind ihre Söhne helle, wirds ihnen an
  Unterrichtung nicht fehlen; sind ihre Töchter empfänglich,

put it to them. But *Vir sapis qui pauca loquitur,* a soule Femi-
nine saluteth vs.

               Enter Iaquenetta and the Clowne.

Iaquenetta God giue you good morrow M. Person.

Nath. Maister Person, *quasi* Person? And if one shoulde
    be perst, Which is the one?   (head.

Clo. Marrie M. Scholemaster, he that is liklest to a hoggs-

Nath. Of persing a Hogshead, a good luster of conceit
    in a turph of Earth, Fier enough for a Flint, Pearle enough
    for a Swine: tis prettie, it is well.

Iaque. Good M. Parson be so good as read me this letter,
    it was geuen me by *Costard,* and sent me from *Don Armatho:*
    I beseech you read it.

Nath. *Facile precor gellida, quando pecas omnia sub vmbra ru-*
    minat, and so foorth. Ah good olde *Mantuan,* I may speake
    of thee as the traueiler doth of *Venice, vemchie, vencha, que non*
    te vnde, que non te perreche. Olde *Mantuan,* olde *Mantuan,*
    Who vnderstandeth thee not, loues thee not, *vt re sol la mi fa:*
    Vnder pardon sir, What are the contentes? or rather as *Hor-*
    race sayes in his, What my soule verses.

Holo. I sir, and very learned.

Nath. Let me heare a staffe, a stanze, a verse, *Lege domine*

If Loue make me forsworne, how shall I sweare to loue?
Ah neuer fayth could hold, yf not to beautie vowed.
Though to my selfe forsworne, to thee Ile faythfull proue.
Those thoughts to me were Okes, to thee like Osiers bowed
Studie his byas leaues, and makes his booke thine eyes.
Where all those pleasures liue, that Art would comprehend.

bringe ich es ihnen bei. Doch vir sapit qui pauca loquitur.
Uns salutiert eine Seele in Weibsgestalt.

Jaquenetta, Costard.

JAQUENETTA Grüß Euch Gott, Herr Paster.

HOLOFERNES Herr Paster, quasi her-passt-er. Und falls er her-
passt, wer passt her?

COSTARD Je, Meister Schulmeister, wer als reinpasst.

HOLOFERNES Herpaßt, wer reinpaßt! Eine tiefe Einsicht für
einen Erdenkloß; hinlänglicher Funke für einen Flint, ausrei-
chend Eicheln für ein blindes Schwein: sehr hübsch, sehr ge-
lungen.

JAQUENETTA Lieber Herr Paster, sind Sie so gut und lesen mir
den Brief hier vor: gegeben hat ihn mir Costard, und gesen-
det hat ihn mir Don Armado: ich bitte Sie herzlich, lesen Sie.

HOLOFERNES »Fauste precor gelida quando pecus omne sub
umbra ruminat« und so fort. Ah! Guter alter Mantovaner. Ich
sage von dir, wie der Reisende von Venedig sagt:
    »Venetia, Venetia,
    Chi non ti vede, non ti pretia.«
Alter Mantovaner! Alter Mantovaner! Wer dich nicht ver-
ehret, verstehet dich nicht. Ut, re, sol, la, mi, fa. Um Verge-
bung, Sir, worin bestehet die Sentenz? Oder vielmehr, wie
Horaz uns sagt in seinen – wie, mein Seel! Verse?

NATHANIEL Ja, Sir, und recht gekonnte.

HOLOFERNES Laßt mich eine Strophe hören, eine Stanze, einen
Vers: lege, domine.   [schwören?

NATHANIEL *liest* »Aus Liebe brach ich Eide, wie kann ich Liebe
Ah! Kein Schwur hält stand, der nicht der Schönheit galt;
Eidbrüchig mir, will ich dir treu gehören:
Wie Weiden neigt sich dir mein Eichenwald.
Gelehrsamkeit liest nur im Buch noch deiner Augen,
Wo das Entzücken wohnt, das sie doch nie erringt.

If knowledge be the marke, to know thee shall suffise.
Well learned is that tongue, that well can thee commend.
All ignorant that soule, that sees thee without wonder.
Which is to mee some prayse, that I thy partes admire,
Thy eie *Ioues* lightning beares, thy voyce his dreadful thunder
Which not to anger bent, is musique, and sweete fier.
Celestiall as thou art, Oh pardon loue this wrong,
That singes heauens prayse, with such an earthly tong.

Pedan. You finde not the apostraphas, and so misse the
accent. Let me superuise the cangenet.

Nath. Here are onely numbers ratefied, but for the ele-
gancie, facilitie, and golden cadence of poesie caret: *Ouiddius
Naso* was the man. And why in deed *Naso*, but for smelling out the odoriferous flowers of fancie? the ierkes of in-
uention imitarie is nothing: So doth the Hound his maister,
the Ape his keeper, the tyred Horse his rider: But *Damosella
virgin*, Was this directed to you?

Iaq. I sir from one mounsier *Berowne*, one of the strange
Queenes Lordes.

Nath. I will ouerglaunce the superscript.
To the snow-white hand of the most bewtious Lady Rosaline.
I will looke againe on the intellect of the letter, for the no-
mination of the partie written to the person written vnto.
Your Ladiships in all desired imployment, Berowne.

Ped. Sir *Holofernes*, this *Berowne* is one of the Votaries
with the King, and here he hath framed a letter to a sequent
of the stranger Queenes: which accidentally, or by the way
of progression, hath miscarried. Trip and goe my sweete,
deliuer this Paper into the royall hand of the King, it may
concerne much: stay not thy complement, I forgine thy
dewtie, adue.

Als Kenntnis soll nur, dich zu kennen, taugen;
Beredt allein die Zunge, die dich singt;
Stumpf jeder Sinn, den du nicht Staunen machst;
Ruhm mir, der sich verzehrt nach deiner Gunst;
Zeus' Blitz dein Blick, sein Donner, wenn du lachst,
Ein Wohlklang und viel süße Feuersbrunst.
Du Göttliche, vergib in Liebe mir, dem bang,
Weil er des Himmels Lob mit solcher Erdenzunge sang.«

HOLOFERNES Ihr mißachtet die Akzentuierung und verfehlt somit das zu Hebende: laßt mich das Canzonett überlesen.
Hier regiert nackte Silbenzählerei; Eleganz, Leichtigkeit und der güldene Zeilenfall der Poesie caret. Ovidius Naso, das war ein Kerl: und wieso Naso, wenn nicht um seines Geruchssinnes willen, der die Blüten der Einbildungskraft buchstäblich witterte, die Duftstoffe der Phantasie? Imitari ist nichts: der Hund tuts dem Herrn, der Affe dem Wärter, der Zirkusgaul dem Dompteur. Nur, Damosell Jungfer, an Euch ist selbiges gerichtet?

JAQUENETTA Ja, Sir, denken Sie an, von dem ausländischen Musjöh aus Spanien.

HOLOFERNES Ich werfe einen Blick auf die Zueignung: »In die schneeweiße Hand der angebeteten Lady Rosaline.«
Ich untersuche den Absender, um von dero angeschriebener zu dero schreibender Partei vorzurücken: »Der Eure in der allererschntesten Untertänigkeit, Berowne.«
Sir Nathaniel, besagter Berowne zählt zu den Verschworenen unseres Königs, und hat hier an eine Hofdame der Prinzessin von Frankreich ein Schreiben aufgesetzt, welchselbes, sei es durch Zufall oder befördernden Argwohn, verwechselt wurde. Auf und davon, Goldkind; überliefre dieses Papier in die erhabene Hand des Monarchen; es mag viel daran gelegen sein. Keine Umstände; ich erlasse dir die

Mayd. Good *Costard* go with me: sir God saue your life.

Cost. Haue with thee my girle.   *Exit.*
Holo. Sir you haue done this in the feare of God verie reli-
    giously: and as a certaine Father saith
Ped. Sir tell not mee of the Father, I do feare colourable
    coloures. But to returne to the Verses, Did they please you
    sir *Nathaniel*?
Nath. Marueilous well for the pen.
Peda. I do dine to day at the fathers of a certaine pupill of
    mine, where if (before repast) it shall please you to gratifie
    the table with a Grace, I will on my priuiledge I haue with
    the parentes of the foresaid childe or pupill, vndertake your
    bien venuto, where I will proue those Verses to be very vn-
    learned, neither sauouring of Poetrie, wit, nor inuention.
    I beseech your societie.

Nath. And thanke you to: for societie (saith the text)
    is the happines of life.
Peda. And certes the text most infallibly concludes it.
    Sir I do inuite you too, you shall not say me nay: *pauca verba.*
    Away, the gentles are at their game, and we will to our re-
    creation.   *Exeunt.*

Enter Berowne with a paper in his hand, alone.

Berow. The King he is hunting the Deare,
    I am coursing my selfe.
    They haue pitcht a Toyle, I am toyling in a pytch, pytch

Förmlichkeiten: Adieu.

JAQUENETTA Komm mit mir, mein lieber Costard. Sir, Gott
schütze Euch!

COSTARD Mit dir immer, mein Mädchen.   *Beide ab.*

NATHANIEL Sir, das war gottesfürchtig gehandelt, ganz wie der
Glaube es will; und, wie ein anderer Kirchenvater sagt –

HOLOFERNES Sir, nichts mehr von Kirchenvätern; ich fürchte
ihre Ausmalbücher. Doch zurück zu den Versen: Ihr fandet
Gefallen, Sir Nathaniel?

NATHANIEL Eine außerordentliche Feder.

HOLOFERNES Ich speise zu Mittag in dem Elternhause eines
meiner Schüler; sofern es Euch gefiele, die Tafel mit einem
Tischgebet zu beehren, würde ich, gestützt auf den Respekt
der Erzeuger des vorgenannten Jungen oder Schülers vor
mir, für Euer ben venuto Sorge tragen; woraufhin ich beweisen will, daß jene Verse stümperhaft sind und weder
nach Dichtkunst schmecken, noch nach Geist, noch nach
Reichtum der Erfindung. Ich ersuche um Eure Gesellschaft.

NATHANIEL Man dankt; nämlich zwei, sagt die Schrift,
ist besser denn eins.

HOLOFERNES Worin die Schrift, certe, wieder einmal Recht
hat. *Zu Dull* Sir, Euch lad ich gleichfalls ein: ich dulde kein
Nein: pauca verba. Hinweg! Die hohen Herrschaften haben
ihren Spaß, und wir unsere Ruhe.   *Alle ab.*

3. Szene

Berowne, mit einem Papier.

BEROWNE Der König jagt den Hirsch; ich hetze mich selbst: sie
legen verpichte Stricke aus; mich bestrickt Pech – Pech,
welches befleckt: befleckt! ein widerliches Wort. Nun, setzt

that defiles; defile, a foule worde: Well, set thee downe
sorrow; for so they say the foole sayd, and so say I, and I the
foole: Well proued wit. By the Lord this Loue is as madd
as *Aiax*, it kills Sheepe, it kills mee, I a Sheepe well prooued
againe a my side. I will not loue; if I do hang mee: I'fayth
I will not. O but her eye: by this light, but for her eye, I
would not loue her; yes for her two eyes. Well, I do nothing
in the world but lie, and lie in my throate. By heauen I doe
loue, and it hath taught me to rime, and to be mallicholie:
and heere is part of my Rime, and heare my mallicholie.
Well, she hath one a'my Sonnets already, the Clowne bore
it, the Foole sent it, and the Lady hath it: sweete Clowne,
sweeter Foole, sweetest Lady. By the worlde, I woulde not
care a pin, if the other three were in. Heere comes one with
a paper, God giue him grace to grone.

    He standes a side. The King entreth.

King. Ay mee!
Be. Shot by heauen, proceed sweet *Cupid*, thou hast thumpt
 him with thy Birdbolt vnder the left papp: in fayth secrets.

King. So sweete a kisse the golden Sunne giues not,
  To those fresh morning dropps vpon the Rose,
  As thy eye beames, when their fresh rayse haue smot.
  The night of dew that on my cheekes downe flowes,
  Nor shines the siluer Moone one halfe so bright,
  Through the transparent bosome of the deepe,
  As doth thy face through teares of mine giue light:
  Thou shinst in euerie teare that I do weepe,
  No drop but as a Coach doth carrie thee:

euch, Sorgen! so sagte der Narr, und so sage ich und bin der Narr: ein feiner Schluß, mein Kopf! Herr des Himmels, diese Liebe ist von Sinnen wie Ajax: er erschlug Schafe, sie erschlägt mich, ich bin ein Schaf: abermals gut geschlossen! Ich will nicht lieben; hängt mich, wenn ichs tu; ehrlich, ich will nicht. O! nur ihr Auge – bei dem Licht des Tags, wäre ihr Auge nicht, ich liebte sie nicht; aber ihr Augenpaar. Brav, ich lüge, das ist alles, was ich auf dieser Welt tue, ich lüge mir in den Hals hinein. Beim Himmel, ich bin verliebt, zum Verseschmied bin ich daran worden und zum Melancholiker; und hier kommen mehr Verse und mehr Melancholie. Nun, eines meiner Sonette hat sie schon: der Narr hats verfaßt, der Schafskopf trugs hin, und die Lady empfings: liebwerter Narr, liebwerterer Schafskopf, liebwerteste Lady! Um die Welt wollte ich, die andern drei säßen im Garn wie ich.

Der König, mit einem Papier.

Hier naht einer mit einem Zettel: Gott begnade ihn mit einem Seufzer! *Er verbirgt sich.*

KÖNIG O mir!

BEROWNE Blattschuß, beim Himmel! Vorwärts, Cupido: du hast ihm den Pfeil genau unter die linke Brustwarze gepflanzt. Ist es möglich! Heimlichkeiten!

KÖNIG *liest* »So zärtlich küßt die goldne Sonne nicht
Die frühen Tropfen auf dem Rosenblatt,
Wie deiner Augenstrahlen frisches Licht
Den Nachttau meiner Wang durchdrungen hat:
Noch leuchtet je der volle Mond so flimmernd
Zum klaren Grund mit silberhellem Scheine,
Wie dein Gesicht, durch meine Tränen schimmernd,
In jeder Träne aufblinkt, die ich weine:
Ein jeder Tropfen wird zum Wagen dir;

So ridest thou triumphing in my wo.
Do but beholde the teares that swell in me,
And they thy glorie through my griefe will show:
But do not loue thy selfe, then thou will keepe
My teares for glasses, and still make me weepe.
O Queene of queenes, how farre doost thou excell,
No thought can thinke, nor tongue of mortall tell.
How shall she know my griefes? Ile drop the paper.
Sweete leaues shade follie. Who is he comes heere?

                Enter Longauill. The King steps a side.

What *Longauill*, and reading: listen eare.

Berow. Now in thy likenesse, one more foole appeare.

Long. Ay mee! I am forsworne.

Berow. Why he comes in like a periure, wearing papers.

Long. In loue I hope, sweete fellowship in shame.

Ber. One drunkard loues an other of the name.

Long. Am I the first that haue been periurd so?

Ber. I could put thee in comfort, not by two that I know,
   Thou makest the triumpherie, the corner cap of societie,
   The shape of Loues Tiburne, that hanges vp Simplicitie.

Long. I feare these stubborne lines lacke power to moue.
   O sweete *Maria*, Empresse of my Loue,
   These numbers will I teare, and write in prose.

Ber. O Rimes are gardes on wanton *Cupids* hose,
   Disfigure not his Shop.

Long. This same shall go.   *He reades the Sonnet.*
   Did not the heauenly Rethorique of thine eye,
   Gainst whom the world cannot holde argument,
   Perswade my hart to this false periurie?
   Vowes for thee broke deserue not punishment.
   A Woman I forswore, but I will proue,
   Thou being a Goddesse, I forswore not thee.

                                   IV, iii, 33-64

So ziehst du im Triumph durch meinen Gram.
Betrachte nur den Tränenstrom aus mir,
Sieh, wie dir Ruhm von meinem Leide kam:
Doch liebe selbst dich nicht; denn meine Zähren,
Sie flössen stets, wenn sie dir Spiegel wären.
O höchste Königin! Dein Überragen
Denkt kein Gedanke, kann ein Mund nicht sagen.«
Wie weiß sie, was ich leide? Blatt, lieg hier:
Beschatte Torheit, Laub. Wer kommt da vor? *Tritt beiseite.*
Longaville, mit einigen Blättern.
Was, Longaville! Und lesend! Lausche, Ohr.

BEROWNE Dein Ebenbild, erscheint ein weitrer Tor!

LONGAVILLE O mir! Meineidig bin ich.

BEROWNE Steht da wie am Pranger, Plakat vor der Brust.

KÖNIG Verliebt, hoff ich: willkommen in der Schande.

BEROWNE Den Säufer und den Trinker binden Bande.

LONGAVILLE Ich frage mich, bin ich als erster schuldig?

BEROWNE Erst nach zwei andern: du sei nur geduldig.
Machst Triumvirn aus uns, Hut mit drei Ecken,
Läßt am Dreibein der Liebe die Unschuld verrecken.

LONGAVILLE Allzu kraftlos schleppt der Vers sich hin.
O liebliche Maria, Kaiserin!
Dies sei zerrissen, Prosa will ich schreiben.

BEROWNE O, laß den Reim Cupidos Zierrat bleiben:
Verschandle nicht sein Ställchen.

LONGAVILLE   Dies mag angehn. *Liest.*
»Die himmlische Rhetorik deiner Blicke,
Vor der kein Argument der Welt besteht,
Bewog nicht sie mein Herz zu Meineids Tücke?
Straflos, wer Eidbruch deinethalb begeht.
Abschwor ich die Frau; doch will ich zeigen,
Daß ich, du Göttin, nicht auch dich abschwor:

My Vow was earthly, thou a heauenly Loue.
Thy grace being gainde, cures all disgrace in mee.
Vowes are but breath, and breath a vapoure is.
Then thou faire Sunne, which on my earth doost shine,
Exhalst this vapour-vow in thee it is:
If broken then, it is no fault of mine:
If by mee broke, what foole is not so wise,
To loose an oth, to winn a Parradise?
Bero. This is the lyuer veine, which makes flesh a deitie.
  A greene Goose, a Goddesse, pure pure ydotarie.
  God amende vs, God amende, we are much out a th'way.
                Enter Dumaine.
Long. By whom shall I send this (companie?) Stay.

Berow. All hid, all hid, an olde infant play,
  Like a demie God, here sit I in the skie,
  And wretched fooles secrets heedfully ore ey.

  More Sacks to the myll. O heauens I haue my wysh,
  Dumaine transformed, foure Woodcocks in a dysh.
Duma. O most deuine *Kate.*
Berow. O most prophane coxcombe.
Duma. By heauen the woonder in a mortall eye.
Ber. By earth she is not, corporall, there you ly.
Duma. Her Amber heires for foule hath amber coted.
Ber. An amber colourd Rauen was well noted.
Duma. As vpright as the Ceder.
Ber. Stoope I say, her shoulder is with child.

Duma. As faire as day.
Ber. I as some dayes, but then no Sunne must shine.
Duma. O that I had my wish?

Dem Erdschwur durfte Lieb vom Himmel steigen;
Deine Gunst kommt meiner Schmach zuvor.
Schwüre sind Atem, sind Dünste nur:
Komm, Himmelslicht, bescheine meine Erde,
Zu dir nimm diesen Dunst von einem Schwur,
Daß er, gebrochen, nicht mein Frevel werde:
Und brech ich ihn, ein Tor, wer sich besinnt,
Wenn der Verlust ein Paradies gewinnt.«
BEROWNE Die Leberkunst ist das, das Fleisch wird heilig,
'ne Gans zur Göttin, und man betet eilig
Den Götzen an. Helf Gott! Der Karren steckt im Dreck.

LONGAVILLE Durch wen send ich das zu? – Gesellschaft! Weg.
Er verbirgt sich.
BEROWNE Kinder spielen so Versteck.
Gleich einem Halbgott sitz ich hier in Ruh,
Und sehe Narren beim Heimlichtun zu.
Dumain, mit einem Schriftstück.
Mehr Säcke zur Mühle! Je! Wie ichs verhieß:
Dumain ist mutiert: vier Gockel am Spieß!
DUMAIN O göttlichste Kate!
BEROWNE O weltlichster Geck!
DUMAIN Beim Himmel, mir Sterblichem eine Erscheinung!
BEROWNE Beir Erde, davon ist sie die Verneinung.
DUMAIN Den Bernstein überflügelt ihr Bernsteinhaar.
BEROWNE Eine bernsteinfarbige Rabe gar.
DUMAIN Schlank wie eine Zeder.
BEROWNE   Wenn sie erst lag,
Kriegt sies Kind aus der Schulter.
DUMAIN   Schön wie der Tag.
BEROWNE Gewiß; nur darf die Sonne dann nicht scheinen.
DUMAIN O! Wär ich am Ziel!

Long. And I had mine.

King. And mine too good Lord.

Ber. Amen, so I had mine: Is not that a good word?

Duma. I would forget her, but a Feuer shee
    Raignes in my blood, and will remembred be.

Ber. A Feuer in your blood, why then incision
    Would let her out in Sawcers, sweete misprison.

Dum. Once more Ile reade the Odo that I haue writ.

Ber. Once more Ile marke how Loue can varrie Wit.

             Dumaine reads his Sonnet.

    On a day, alacke the day:
    Loue, whose Month is euer May:
    Spied a blossome passing faire,
    Playing in the wanton aire:
    Through the Veluet, leaues the wind,
    All vnseene, can passage finde:
    That the Louer sicke to death,
    Wish himselfe the heauens breath.
    Ayre (quoth he) thy cheekes may blow,
    Ayre would I might triumph so.
    But alacke my hand is sworne,
    Nere to plucke thee from thy throne:
    Vow alacke for youth vnmeete,
    Youth so apt to pluck a sweete.
    Do not call it sinne in me,
    That I am forsworne for thee:
    Thou for whom Ioue would sweare,
    Iuno but an *Æthiop* were,
    And denie himselfe for Ioue,
    Turning mortall for thy loue.

  This will I send, and something els more plaine.
  That shall expresse my trueloues fasting paine.

LONGAVILLE   Und ich an dem meinen!
KÖNIG Und ich auch an meinem, wenn er drauf besteht.
BEROWNE Und an meinem ich, Amen. Welch ein Gebet!
DUMAIN Vergessen will ich sie; nur, wer vergißt
    Das Fieber, als das sie im Blut mir frißt?
BEROWNE Als Fieber im Blut! Mußt zur Ader lassen,
    Dann läuft sie, Dummchen, von dir weg in Tassen.
DUMAIN Noch einmal les ich meine Ode vor.
BEROWNE Noch einmal hör ich einen Liebestor.

DUMAIN *liest* »Eines Tages, ach, der Tag!
    Sah Liebe, die den Mai nur mag,
    Ein Röslein, das ließ wunderfein
    Einen Lufthauch zu sich ein:
    Durch die Purpurblüte strich
    Ihr der Wind kaum sichtbarlich;
    Bis der Verliebte, voller Pein,
    Selbst Himmelsodem wünscht zu sein.
    Luft, seufzt er, du darfst hier küssen;
    Luft, mir deinen Sieg zu wissen!
    Aber ach! mir ist die Hand,
    Dich zu pflücken, schwurgebannt:
    Ach, ein Schwur, der Jugend drückt,
    Jugend, die gern Süßes pflückt.
    Nenn es Sünde nicht, daß ich
    Meinen Treuschwur brach für dich;
    Dir schwört Jupiter leichthin,
    Juno sei Äthioperin,
    Und daß er Jupiter nicht bliebe,
    Erräng er, sterblich, deine Liebe.«
    Dies send ich ab, und eines, das ganz schlicht
    Vom Fastenhunger meiner Liebe spricht.

O would the *King*, *Berowne*, and *Longauill*,
Were Louers too, ill to example ill,
Would from my forehead wipe a periurde note:
For none offende, where all alike do dote.
Long. *Dumaine* thy Loue is farre from charitie,
That in loues griefe desirst societie:
You may looke pale, but I should blush I know,
To be ore-hard and taken napping so.
King. Come sir, you blush: as his, your case is such.
You chide at him, offending twice as much.
You do not loue *Maria*? *Longauile*,
Did neuer Sonnet for her sake compile,
Nor neuer lay his wreathed armes athwart
His louing bosome, to keepe downe his hart.
I haue been closely shrowded in this bush,
And markt you both, and for you both did blush.
I heard your guyltie Rimes, obserude your fashion:
Saw sighes reeke from you, noted well your pashion.
Ay mee sayes one! O *Ioue* the other cryes!
One her haires were Golde, Christal the others eyes.
You would for Parradise breake Fayth and troth,
And *Ioue* for your Loue would infringe an oth.
What will *Berowne* say when that he shall heare
Fayth infringed, which such zeale did sweare.
How will he scorne, how will he spende his wit?
How will he triumph, leape, and laugh at it?
For all the wealth that euer I did see,
I would not haue him know so much by mee.

Bero. Now step I foorth to whip hipocrisie.

IV, iii, 126-154

O! Wärn der König, Berowne, Longaville
Gleich mir verliebt! Spielt jeder falsches Spiel,
Wird meiner Stirn das Brandmal abgeschafft:
Ich fall nicht auf, hat alles sich vergafft.
LONGAVILLE *tritt vor* Dumain, dir mangelt es an Nächstenliebe:
Gesellschaft wünschst du dir im Sturm der Triebe?
Jetzt wirst du blaß. Erröten würde ich,
Ertappte wer so in flagranti mich.
KÖNIG *tritt vor* Kommt, Sir, errötet; denn Ihr teilt die Tat;
Ihn schmählen ist gar zwiefacher Verrat:
Liebt Ihr Maria nicht? Sir Longaville
Wars nicht, dem ein Sonett an sie beifiel,
Auch kreuzt er nie die Arme vor der Brust,
Damit sein Herz ihm nicht entspringt vor Lust.
Ich trat vor euch in dies Gebüsch zur Seite,
Gab acht auf euch, und wurde rot für beide.
Ich hörte schuldge Verse, Reimes Zierden,
Sah Seufzerrauch, bemerkte die Begierden:
Weh mir! schreit der: o Jupiter! der zweite;
Der will, ihr Haar sei Gold, der andre freute
Auf Augen wie Kristall sich; um den Preis
Der Treue kauft sich der ein Paradeis;
Und der hier läßt den Herrn der Götter sprechen,
Für seine Schöne würd er Eide brechen.
Was sagte wohl Berowne, wenn er erführe,
Gebrochen sind die heiß gelobten Schwüre?
Er würde höhnen, würde Witze machen,
Würd triumphieren, hüpfen, euch verlachen!
Ich wollte lieber allen Reichtum missen,
Als ihm zu gönnen, das von mir zu wissen!
BEROWNE Nunmehr sei, Heuchelei, von mir zerrissen.
                              Tritt vor.

Ah good my Leidge, I pray thee pardon mee.
Good hart, What grace hast thou thus to reproue
These Wormes for louing, that art most in loue?
Your eyes do make no couches in your teares.
There is no certaine Princesse that appeares.
Youle not be periurde, tis a hatefull thing:
Tush, none but Minstrels like of Sonnetting.
But are you not a shamed? nay, are you not
All three of you, to be thus much ore'shot?
You found his Moth, the King your Moth did see:
But I a Beame do finde in each of three.
O what a Scaene of foolrie haue I seene,
Of sighes, of grones, of sorrow, and of teene:
O mee, with what strickt patience haue I sat,
To see a King transformed to a Gnat.
To see great *Hercules* whipping a Gigge,
And profound *Sallomon* to tune a Iigge.
And *Nestor* play at push-pin with the boyes,
And Crittick *Tymon* laugh at idle toyes.
Where lies thy griefe, o tell me good *Dumaine*?
And gentle *Longauill*, where lies thy paine?
And where my Liedges? all about the brest.
    A Caudle hou!
King. Too bitter is thy iest.
Are we betrayed thus to thy ouer-view?
Ber. Not you by mee, but I betrayed to you.
   I that am honest, I that holde it sinne
   To breake the vow I am ingaged in.
   I am betrayed by keeping companie
   With men like men of inconstancie.
   When shall you see mee write a thing in rime?
   Or grone for Ione? or spende a minutes time,

Mein König! ich befrage gunstbeflissen
Dich, gutes Herz, mit welchem Recht trittst du
Verliebte Würmer? Zählst doch selbst dazu!
Wo sind die Augenwagen? Wo die Zähren,
Die irgendner Prinzessin Spiegel wären?
Wir kennen nicht den Meineid, den wir hassen:
Wir würden niemals ein Sonett verfassen.
Schämt ihr euch nicht? Findet ihr nichts dabei,
Daß ihr euch so verstiegen, alle drei?
Du sahst bei ihm den Splitter, deinen sah
Der Fürst; ich aber seh drei Balken da.
O, ich belauschte tolle Lustspielszenen
Von Seufzern voll, von Herzschmerz, wildem Stöhnen;
O, was es mich kostete, zu sehn:
Es kann ein König sich als Käfer drehn;
Herkules treibt den bunten Kreisel an,
Der weise Salomo kräht was er kann,
Greis Nestor hat Gefalln an Kindersachen,
Der bittre Timon findet Grund zum Lachen;
Wo tuts dir weh? Dumain, belehre mich,
Und guter Longaville, wo sticht es dich?
Und wo den König? Allen schmerzt das Herz:
Bringt Tropfen her!

KÖNIG   Zu grimmig wird dein Scherz.
Sind wir in deinen Augen so entehrt?

BEROWNE Nein, ihr seid recht, nur ich bin hier verkehrt:
Ich, der ich ehrlich; ich, der sündigen
Nicht wollte, meinen Eid nicht kündigen;
Ich bin entehrt durch die Komplizenschaft
Von Männern, wie der Mond so wechselhaft.
Wann hat man mich Gereimtes schreiben sehn?
Nach Greten grunzen? Vor dem Spiegel stehn,

In pruning mee when shall you heare that I will prayse a
hand, a foote, a face, an eye: a gate, a state, a brow, a brest,
a wast, a legge, a limme.

King. Soft, Whither a way so fast?
   A true man, or a theefe, that gallops so.
Ber. I post from Loue, good Louer let me go.
Iaqu. God blesse the King.   *Enter Iaquenetta and Clowne.*
King. What present hast thou there?
Clow. Some certaine treason.
King. What makes treason heere?
Clow. Nay it makes nothing sir.
King. Yf it marr nothing neither,
   The treason and you goe in peace away togeather.
Iaque. I beseech your Grace let this Letter be read,
   Our person misdoubts it: twas treason he said.
King. *Berowne* reade it ouer.   *He reades the letter.*
King. Where hadst thou it?
Iaqu. Of *Costard.*
King. Where hadst thou it?
Cost. Of *Dun Adramadio, Dun Adramadio.*
Kin. How now, What is in you? Why dost thou teare it?
Ber. A toy my Leedge, a toy: your grace needs not feare it.
Long. It did moue him to passion, & therfore lets heare it.
Dum. It is *Berownes* writing, and heere is his name.

Berow. Ah you whoreson loggerhead, you were borne to
   do me shame.
   Guiltie my Lord, guiltie: I confesse, I confesse.
King. What?   (messe.
Ber. That you three fooles, lackt me foole, to make vp the

Auch nur sekundenlang? Wird euch berichtet,
Ich hätte Hände, Füße, Augenbraun bedichtet,
Gehen, Stehen, Hüften, Busen, Kinn,
Die Beinchen, Ärmchen –
                    Jaquenetta, Costard.
KÖNIG   Halt! Wo willst du hin?
    Läufst du so weg, scheinst du ein Dieb: man faßt dich.
BEROWNE Ich lauf vor Liebe weg: Verliebte, laßt mich.
JAQUENETTA Gott segne den König.
KÖNIG   Was bringst du nun?
COSTARD Was wie Verrat.
KÖNIG   Was will Verrat uns tun?
COSTARD Will schöntun, Sir.
KÖNIG   Tut der Verrat uns schön,
    Dann können er und du in Frieden gehn.
JAQUENETTA Ich bitt Eur Gnaden, laßt den Brief hier lesen:
    Der Paster sagt, er wär Verrat gewesen.
KÖNIG Berowne, lest Ihr ihn. Woher hast du ihn?

JAQUENETTA Von Costard.
KÖNIG Woher hast du ihn?
COSTARD Von Dong Armadio, dem Dong Amradio.
KÖNIG Was tut Ihr? Warum habt Ihr ihn zerrissen? [wissen.
BEROWNE Sorgt nicht, mein Fürst: ein Spaß, Ihr müßts nicht
LONGAVILLE Er ist nervös, wir werdens lesen müssen.
DUMAIN *liest die Stücke auf* Seine Hand ist es, hier steht Be-
    rowne.
BEROWNE Ah! Mußt du mich blamieren, du hirnverbrannter
    Clown!
    Schuldig, schuldig, Mylord! Ich bekenne, bekenne.
KÖNIG Was?
BEROWNE Daß ich mich, Narr, den vierten Narren nenne.

Hee, hee, and you: and you my Leege, and I,
Are pick-purses in Loue, and we deserue to die.
O dismisse this audience, and I shall tell you more.
Duma. Now the number is euen.
Bero. True true, we are fower: will these turtles be gon?

King. Hence sirs, away.
Clow. Walke aside the true folke, and let the traytors stay.

Ber. Sweete Lords, sweete Louers, O let vs imbrace,
  As true we are as flesh and blood can be,
  The Sea will ebb and flow, heauen shew his face:
  Young blood doth not obay an olde decree.
  We can not crosse the cause why we were borne:
  Therefore of all handes must we be forsworne.
King. What, did these rent lines shew some loue of thine?
Ber. Did they, quoth you? Who sees the heauenly *Rosaline*,
  That (like a rude and sauadge man of *Inde.*)
  At the first opning of the gorgious East,
  Bowes not his vassall head, and strooken blind.
  Kisses the base ground with obedient breast.
  What peromptorie Eagle-sighted eye
  Dares looke vpon the heauen of her brow,
  That is not blinded by her maiestie?
King. What zeale, what furie, hath inspirde thee now?
  My Loue (her Mistres) is a gracious Moone,
  Shee (an attending Starre) scarce seene a light.
Ber. My eyes are then no eyes, nor I *Berowne.*
  O, but for my Loue, day would turne to night,
  Of all complexions the culd soueraigntie,
  Do meete as at a faire in her faire cheeke,
  Where seuerall worthies make one dignitie,

Er, er, Ihr, mein König, und ich, wir sind Lang-
Finger der Liebe, verdienen den Strang.
Entlaßt das Publikum und hörts von mir.
DUMAIN Die Zahl ist nun grade.
BEROWNE   Ja, ja, wir sind vier.
Ob die Täubchen wohl gehn?
KÖNIG   Was steht ihr noch da?
COSTARD Geh, tugendhaft Volk, das Laster ist nah.
          Costard und Jaquenetta ab.
BEROWNE Ihr lieben Herrn, ihr Liebenden, umarmt mich.
Wir sind so treu, wie Fleisch und Blut sein kann:
Das Meer steigt und fällt, der Himmel erbarmt sich;
Was ficht das junge Blut die starre Ordnung an?
Wir streichen das nicht durch, was uns geboren;
Kein Wunder, daß wir einig falsch geschworen.
KÖNIG Was? Ward der Brief als Liebesbrief geschickt?
BEROWNE Und ob! Wer, wenn er Rosaline erblickt,
Wird nicht wie jener rauhe, wilde Inder,
Wenn prachtvoll leuchtend sich der Ost erhellt,
Den Nacken beugen, und als wie ein Blinder
Den Busen pressen an die Brust der Welt?
Welch wagend adlergleiches Auge wendet
Den Blick zum Himmel ihrer Stirn empor,
Und wird von ihrer Hoheit nicht geblendet?
KÖNIG Welch eifernd Wüten! Was geht in dir vor?
Ein holder Mond steigt meine Liebe auf;
Sein Folgestern die deine, arm an Licht.
BEROWNE Bei diesen Augen schwört Berowne darauf:
Tag würd zu Nacht, wär meine Liebe nicht.
Die edle Lese der Beschaffenheiten
Versammelt sich auf ihrer schönen Wange;
Wo solche Züge sich ineins bereiten,

Where nothing wantes, that want it selfe doth seeke.
Lend me the florish of all gentle tongues,
Fie paynted Rethoricke, O shee needes it not,
To thinges of sale, a sellers prayse belonges:
She passes prayse, then prayse too short doth blot.
A witherd Hermight fiuescore winters worne,
Might shake off fiftie, looking in her eye:
Beautie doth varnish Age, as if new borne,
And giues the Crutch the Cradles infancie.
O tis the Sunne that maketh all thinges shine.

King. By heauen, thy Loue is blacke as Ebonie.

Berow. Is Ebonie like her? O word deuine!
A wife of such wood were felicitie.
O who can giue an oth? Where is a booke?
That I may sweare Beautie doth beautie lacke,
If that she learne not of her eye to looke:
No face is fayre that is not full so blacke.

King. O paradox, Blacke is the badge of Hell,
The hue of dungions, and the Schoole of night:
And beauties crest becomes the heauens well.

Ber. Diuels soonest tempt resembling spirites of light.
O if in blacke my Ladyes browes be deckt,
It mournes, that painting vsurping haire
Should rauish dooters with a false aspect:
And therefore is she borne to make blacke fayre.
Her fauour turnes the fashion of the dayes,
For natiue blood is counted paynting now:
And therefore redd that would auoyde disprayse,
Paintes it selfe blacke, to imitate her brow.

Duma. To looke like her are Chimnie-sweepers blake.

Long. And since her time are Colliers counted bright.

King. And *Æthiops* of their sweete complexion crake.

Da wird dem Mangel um den Mangel bange.
Legt alles hohe Lob mir auf die Zunge –
Pfui, bemalte Sprechkunst! Nicht von ihr:
Das Käufliche hebt des Verkäufers Lunge;
Sie steht zu hoch; ihr Lob mißlänge mir.
Ein Eremit, in hundert Jahrn verwittert,
Wirft fünfzig ab, sieht er ihr in die Augen:
Die Schönheit macht, daß Alter kindlich zittert,
Und läßt die Wiege zu der Krücke taugen.
Die Sonne machet alle Dinge stolz.
KÖNIG Nur ist die Dame schwarz, wie Ebenholz.
BEROWNE Ist Ebenholz ihr gleich? O Götterbaum!
Ein Weib aus solchem Holz wär sel'ger Traum.
Nehmt meinen Eid, die Ordensregel reicht:
Ich schwöre, daß dem Schönen Schönheit fehlt,
Des Anblick nicht dem ihren völlig gleicht;
Kein Antlitz, das die Schwärze nicht kennt, zählt.
KÖNIG O Paradox! Schwarz ist der Hölle Siegel,
Des Kerkers Farbe, nächtlicher Scholaren;
Die Schönheit aber ist des Himmels Spiegel.
BEROWNE Man sah den Teufel schon als Lichtgeist fahren.
Wenn Schwarz die Stirne meiner Lady ziert,
Dann, weil sie trauert, daß man mit Perücken
Und Malerein den Liebenden verführt;
Sie kam zur Welt, für Schwarz uns zu entzücken.
Ihr Liebreiz kehrt die Moden alle um,
Denn Wangenrot gilt nur gemalt als fein:
Und, um der Schmähung zu entgehen, drum
Malt Rot sich schwarz, um so wie sie zu sein.
DUMAIN Wer den Kamin kehrt, tuts, um ihr zu gleichen.
LONGAVILLE Der Köhler gilt nach ihr als Leuchtgestalt.
KÖNIG Vor dem Äthiopier müssen wir erbleichen.

Duma. Darke needes no Candles now, for darke is light.

Ber. Your Mistresses dare neuer come in raine,

For feare their colours should be washt away.

King. Twere good yours did: for sir to tell you plaine,

Ile finde a fayrer face not washt to day.

Ber. Ile proue her faire, or talke till doomse-day heere.

King. No Diuel will fright thee then so much as shee.

Duma. I neuer knew man holde vile stuffe so deare.

Long. Looke, heer's thy loue, my foote and her face see.

Ber. O if the streetes were paued with thine eyes,

Her feete were much too daintie for such tread.

Duma. O vile, then as she goes what vpward lyes?

The streete should see as she walkt ouer head.

King. But what of this, are we not all in loue?

Ber. O nothing so sure, and thereby all forsworne.

King. Then leaue this chat, and good *Berowne* now proue

Our louing lawfull, and our fayth not torne.

Duma. I marie there, some flatterie for this euyll.

Long. O some authoritie how to proceede,

Some tricks, some quillets, how to cheate the diuell.

Duma. Some salue for periurie.

Ber. O tis more then neede.

Haue at you then affections men at armes,

Consider what you first did sweare vnto:

To fast, to study, and to see no woman:

Flat treason gainst the kingly state of youth.

Say, Can you fast? your stomacks are too young:

And abstinence ingenders maladies.

And where that you haue vowd to studie (Lordes)

In that each of you haue forsworne his Booke.

Can you still dreame and poare and thereon looke.

For when would you my Lord, or you, or you,

DUMAIN Nacht braucht kein Licht, seit dunkel hell uns galt.
BEROWNE Haltet eure Damen aus dem Regen,
    Die Farbe wäscht er ihnen sonst heraus.
KÖNIG Hinein mit deiner, sag ich, Sir, dagegen,
    Sie sähe nicht so ungewaschen aus.
BEROWNE Ich halte stand, seis bis zum Jüngsten Tag.
KÖNIG Wie sie dann schreckt, schreckt dich der Teufel
    nicht.
DUMAIN Nie sah ich wen, dem so an Plunder lag.
LONGAVILLE Schau, deine Liebste: mein Schuh, ihr Gesicht.
BEROWNE O, deine Augen ihr als Straßenpflaster:
    Ihr Fuß wär viel zu zart, darauf zu gehn.
DUMAIN Ferkel! Was knieaufwärts dient zum Laster,
    Das soll die Straße wohl von unten sehn.
KÖNIG Doch wie denn nun? Verliebt sind wir doch alle.
Berowne Das steht so fest wie unser Eidverbrechen.
KÖNIG Dann Schluß damit; und dir, Berowne, gefalle
    Es, uns von diesem Eidbruch freizusprechen.
DUMAIN Ja, uns ein wenig Linderung erlügen.
LONGAVILLE Ein Präzedenz, wir sinds zu tun erbötig.
    Ein Rat, ein Trick, den Teufel zu betrügen.
DUMAIN Die Meineidsalbe.
BEROWNE   Sie ist mehr als nötig.
    Zum Angriff, Ritter ihr der Leidenschaften:
    Bedenkt, was ihr zum ersten habt geschworen,
    Zu fasten, zu studiern, und keine Frauen;
    Ein Hochverrat am Königtum der Jugend.
    Sprecht, könnt ihr fasten? Jung sind eure Mägen,
    Und Abstinenz ruft Krankheiten hervor.
    [Und mit dem Schwur, ihr Herren, zu studieren,
    Mit diesem Schwur schwurn wir die Bücher ab,
    Wer träumt und fühlt, Buchweisheit macht ihn schlapp:

Haue found the ground of Studies excellence,
Without the beautie of a womans face?
From womens eyes this doctrine I deriue,
They are the Ground, the Bookes, the Achadems,
From whence doth spring the true *Promethean* fire.
Why vniuersall plodding poysons vp
The nimble spirites in the arteries,
As motion and long during action tyres
The sinnowy vigour of the trauayler.
Now for not looking on a womans face,
You haue in that forsworne the vse of eyes:
And studie too, the causer of your vow.
For where is any Authour in the worlde,
Teaches such beautie as a womas eye:
Learning is but an adiunct to our selfe,
And where we are, our Learning likewise is.
Then when our selues we see in Ladies eyes,
With our selues.
Do we not likewise see our learning there?
O we haue made a Vow to studie, Lordes,
And in that Vow we haue forsworne our Bookes:
For when would you (my Leedge) or you, or you?
In leaden contemplation haue found out
Such fierie Numbers as the prompting eyes,
Of beautis tutors haue inritcht you with:
Other slow Artes intirely keepe the braine:
And therefore finding barraine practizers,
Scarce shew a haruest of their heauie toyle.

But Loue first learned in a Ladies eyes,
Liues not alone emured in the braine:
But with the motion of all elamentes,

Denn hättet Ihr, mein Fürst, und Ihr, und Ihr,
Je eures Studiums Reifegrad erlangt
Wär keiner Lady Antlitz euch erschienen?
Aus Frauenaugen kommt mir diese Lehre:
Sie sind die Bücher, Fibeln, hohen Schulen
Aus denen uns Prometheus' Flamme lodert.
Wie denn auch nicht? Das ewige Geacker
Vergiftet uns den Schöngeist an der Quelle
So wie von langem angestrengtem Wandern
Die Wadenkraft des Wanderers erlahmt.
Als ihr den Anblick jeder Frau abschwurt
Da schwurt ihr Blindheit, und auf diese Weise
Dem Lernen ab, dem Grund für euren Schwur.
Denn wo in aller Welt ist ein Gelehrter
Der lehrt, was uns das Auge einer Frau lehrt?
Die Lernbegier steckt in uns, und wo wir sind
Da weilt zugleich die Lernbegier, und folglich
Sind wir nicht die fleißigsten der Lerner
Wenn wir uns in den Augen einer Frau sehn?]
O! Zu studieren haben wir geschworen
Und mit dem Schwur entsagten wir den Büchern,
Denn wäret Ihr, mein Fürst, und Ihr, und Ihr,
In bleierner Betrachtung je zu solch
Befeuerten Gebilden vorgestoßen,
Wie sie euch jetzt die stachelnde Ermuntrung,
Die aus dem Blick der schönen Musen lacht,
Entrissen hat? Gelehrsamkeit, sie bleibt
Im Hirn euch hocken, findet mürrsche Übung,
Zwar ackernd viel, doch erntend bitter wenig;
Die Liebe aber aus dem Frauenauge
Lebt nicht vermauert euch im Schädel nur,
Nein, sie bewegt, ein Grundstoff, heftig sich,

Courses as swift as thought in euery power,
And giues to euery power a double power,
Aboue their functions and their offices.
It addes a precious seeing to the eye:
A Louers eyes will gaze an Eagle blinde.
A Louers eare will heare the lowest sound.
When the suspitious head of theft is stopt.
Loues feeling is more soft and sensible,
Then are the tender hornes of Cockled Snayles.
Loues tongue proues daintie, *Bachus* grosse in taste,
For Valoure, is not Loue a *Hercules*?
Still clyming trees in the *Hesperides*.
Subtit as *Sphinx*, as sweete and musicall,
As bright *Appolos* Lute, strung with his haire.

And when Loue speakes, the voyce of all the Goddes,
Make heauen drowsie with the harmonie.
Neuer durst Poet touch a pen to write,
Vntill his Incke were tempred with Loues sighes:
O then his lines would rauish sauage eares,
And plant in Tyrants milde humilitie.
From womens eyes this doctrine I deriue.
They sparcle still the right promethean fier,
They are the Bookes, the Artes, the Achademes,
That shew, containe, and nourish all the worlde.
Els none at all in ought proues excellent.
Then fooles you were, these women to forsweare:
Or keeping what is sworne, you will proue fooles,
For Wisedomes sake, a worde that all men loue:
Or for Loues sake, a worde that loues all men.
Or for Mens sake, the authour of these Women:

Denkschnell eilt sie zu euren Fähigkeiten,
Und übersteigert zweifach deren Kräfte,
Bis Ziel und Zweck weit hinter ihnen liegt.
Sie fügt dem Auge Macht des Schauens zu;
Verliebtes Auge starrt den Adler blind;
Verliebtes Ohr vernimmt den schwächsten Ton,
Den selbst des Diebes Argwohn überhört:
Die Liebe spürt empfindlicher und feiner,
Als der behausten Schnecke weiche Fühler:
Die Liebe schmeckt, was Bacchus selbst entgeht.
An Tapferkeit nun, gleicht da Liebe nicht
Dem Herakles, als stieg er immer noch
Der Hesperiden goldnen Äpfeln nach?
Tiefgründig wie die Sphinx, süß und harmonisch
Wie des Apollo Leier, der der Gott
Aus seinem goldnen Haar die Saiten aufzog;
Und wenn die Liebe spricht, betört der Einklang
Aller Götterstimmen selbst den Himmel.
Nie soll ein Dichter nach der Feder greifen,
Kann er sie nicht in Liebesseufzer tauchen;
O dann besänftgen seine Zeilen Wilde,
Und im Tyrannen weckt er Menschlichkeit.
Aus Frauenaugen kommt mir diese Lehre:
In ihnen glüht ein prometheisch Feuer,
Sie sind die Bücher, Fibeln, hohen Schulen,
Die unsre Welt enthalten und ernähren,
Und nichts vermag es ihnen gleichzutun.
Narrn sind wir folglich, Frauen abzuschwören,
Und haltend, was wir schwuren, sind wir Narren.
Der Weisheit wegen, die die Menschen ehren,
Der Liebe wegen, die die Menschen ehrt,
Des Mannes wegen, dem die Frau entstammt,

Or Womens sake, by whom we Men are Men.
Lets vs once loose our othes to finde our selues,
Or els we loose our selues, to keepe our othes:
It is Religion to be thus forsworne.
For Charitie it selfe fulfilles the Law:
And who can seuer Loue from Charitie.

King. Saint *Cupid* then and Souldiers to the fielde.
Berow. Aduaunce your standars, and vpon them Lords.
Pell, mell, downe with them: but be first aduisd,
In conflict that you get the Sunne of them.
Long. Now to plaine dealing. Lay these glozes by,
Shall we resolue to woe these gyrles of Fraunce?
King. And winn them too, therefore let vs deuise,
Some enterteinment for them in their Tentes.
Ber. First from the Parke let vs conduct them thither,
Then homeward euery man attach the hand
Of his faire Mistres, in the afternoone
We will with some strange pastime solace them:
Such as the shortnesse of the time can shape,
For Reuels, Daunces, Maskes, and merrie houres,
Forerunne faire Loue, strewing her way with flowers.
King. Away, away, no time shalbe omitted,
That will be time and may by vs befitted.

Ber. Alone alone sowed Cockell, reapt no Corne,
And Iustice alwayes whirles in equall measure:
Light Wenches may proue plagues to men forsorne,
If so our Copper byes no better treasure.

Der Frauen wegen, die uns Männer tragen,
Vergessen wir den Eid, um uns zu finden,
Die wir uns selbst vergessen vor dem Eid.
Wir brechen ihn, und das zeigt Glaubensstärke;
Denn mitzufühlen, fordert das Gesetz:
Und wer will Mitgefühl von Liebe trennen?

KÖNIG Für Sankt Cupido dann! Ins Feld, Soldaten!

BEROWNE Rückt die Standarten vor, kommt über sie!
Im Handgemenge werft sie auf den Rücken!
In eurem aber muß die Sonne stehn.

LONGAVILLE Jetzt Scherz beiseite; solln wir uns entschließen,
Frankreichs Mädchen gleich den Hof zu machen?

KÖNIG Und sie nun zu erobern: darum laßt uns
Auf Unterhaltung sinnen bei den Zelten.

BEROWNE Zunächst geleiten wir sie aus dem Park
Hierher; dann führe jeder die Erwählte
An ihrer Hand ins Schloß: am Nachmittag
Soll sie ein seltner Zeitvertreib ergötzen,
So gut die knappe Frist es uns gestattet;
Es werden Feste, Maskenzüge, Reigen,
Der Liebe ihren Blumenpfad erzeigen.

KÖNIG Auf, auf! Laßt uns nicht länger Zeit verlieren,
Doch Zeit gewinnen, all dies auszuführen.

König, Dumain, Longaville ab.

BEROWNE Allons! Wer Unkraut sät, fährt Korn nicht ein;
Gerechtigkeit stürmt Zug um Zug einher:
Das Weibsvolk kann des Eidbruchs Strafe sein;
Ists so, kauft unser Falschgeld uns nicht mehr. *Ab.*

Enter the Pedant, the Curat, and Dull.

Pedant. *Satis quid sufficit.*

Curat. I prayse God for you sir, your reasons at Dinner
haue been sharpe & sententious: pleasant without scurillitie,
wittie without affection, audatious without impudencie,
learned without opinion, and strange without heresie: I did
conuerse this quondam day with a companion of the kings,
who is intituled, nominated, or called, *Don Adriano de Ar-*
matho.

Ped. *Noui hominum tanquam te,* His humour is loftie, his
discourse peremptorie: his tongue fyled, his eye ambitious,
his gate maiesticall, and his generall behauiour vaine, rediculous, & thrasonicall. He is too picked, to spruce, too affected,
to od as it were, too peregrinat as I may call it.

Curat. A most singuler and choyce Epithat,

Draw-out his Table-booke.

Peda. He draweth out the thred of his verbositie, finer
then the staple of his argument. I abhorre such phanatticall
phantasims, such insociable and poynt deuise companions,
such rackers of ortagriphie, as to speake dout fine, when he
should say doubt; det, when he shold pronounce debt; deb't,
not det: he clepeth a Calfe, Caufe: halfe, haufe: neighbour
vocatur nebour; neigh abreuiated ne: this is abhominable,
which he would call abbominable, it insinuateth me of infamie: ne inteligis domine, to make frantique lunatique?

V, i, 1-25

Fünfter Akt 1. Szene

Holofernes, Sir Nathaniel, Dull.

HOLOFERNES Satis quod sufficit. Was hinreicht, das reicht hin.

NATHANIEL Ich lobe den Herrn um Euretwillen, Sir. Euer Tischgespräch war scharfsinnig und prägnant, gefällig, aber nicht scherzhaft, geistreich, aber nicht verstiegen, kühn, aber nicht provokant, gelehrt, aber nicht rechthaberisch, unorthodox, aber nicht häretisch. Wenn Ihr wie ich quondam, vor Zeiten, in die Verlegenheit geraten wäret, mit einem Gefolgsmann des Königs zu konversieren, der sich Don Adriano de Armado tituliert, benennt oder ruft –

HOLOFERNES Novi hominem tanquam te: sein Gebaren ist hochmütig, sein Diskurs präpotent, seine Zunge gewunden, sein Blick anmaßend, sein Gang gestelzt und sein ganzes Betragen eitel, albern und aufgeblasen. Allzu sonderbar ist er, allzu geschniegelt, allzu geziert, allzu wunderlich, mit anderen Worten, er ist peregrinus, fremdartig, ausländisch, ausschweifig.

NATHANIEL Ein be- und zutreffendes Epitheton.

HOLOFERNES Er spinnt den Faden seiner Maulkunst länger aus, als er Wolle dazu im Kopf hat. Ich verabscheue solch fanatikale Phantasimi, solch selbstverliebte und überzwirbelte Burschen; Henkersknechte linguä, der Sprache, die Zeweifel sagen und nicht Zweifel, Schuhuld, und nicht Schuld – man denke, u-h-u, uhu; er nennt ein Kalb Kalleb und sagt statt halb halleb; den Nachbar vocatur Nachtbar; aus Nein wird Henein. Das ist entsetzlich, wozu er chentsetzlich sagen würde, es insinuiert mir insania: ne intelligis domine? Macht mich gallig, macht mich rabiatisch.

Curat. Laus deo, bene intelligo.
Peda. Bome boon for boon prescian, a litle scratcht, twil serue.

Enter Bragart, Boy.

Curat. Vides ne quis venit?
Peda. Video, et gaudio.
Brag. Chirra.
Peda. Quari Chirra, not Sirra?
Brag. Men of peace well incontred.
Ped. Most millitarie sir salutation.
Boy. They haue been at a great feast of Languages, and
   stolne the scraps.
Clow. O they haue lyud long on the almsbasket of wordes.
   I maruaile thy M. hath not eaten thee for a worde, for thou
   art not so long by the head as honorificabilitudinitatibus:
   Thou art easier swallowed then a flapdragon.
Page. Peace, the peale begins.
Brag. Mounsier, are you not lettred?
Page. Yes yes, he teaches boyes the Horne-booke: What
   is Ab speld backward with the horne on his head?
Poda. Ba, *puericia* with a horne added.   (learning.
Pag. Ba most seely Sheepe, with a horne: you heare his

Peda. Quis quis thou Consonant?
Pag. The last of the fiue Vowels if You repeate them,
   or the fift if I.
Peda. I will repeate them: a e I.
Pag. The Sheepe, the other two concludes it o u.
Brag. Now by the sault wane of the meditaranium, a
   sweete tutch, a quicke vene we of wit, snip snap, quicke and

NATHANIEL Laus deo, bono intelligo.

HOLOFERNES Bono? Bono statt bene, nomen adjektivum, Bei- oder Wiewort, statt nomen adverbium, Umstands- oder Ne- benwort; Priscianus Grammaticus, man hat dich ein wenig geschrammt, doch steht es dafür.

Armado, Moth, Costard.

NATHANIEL Videsne quis venit?

HOLOFERNES Video, et gaudeo.

ARMADO Chungchen!

HOLOFERNES Quare Chungchen, und nicht Jungchen?

ARMADO Ihremänner des Efferrriedens, gut geterrroffen.

HOLOFERNES Gerrroßer Kerrriegsmann, salutatción.

MOTH Sie kommen von einem Sprachbankett und haben die Reste eingesteckt.

COSTARD O sie futtern als lang schon ausm Wörterbettelsack. Staunlich, daß dein Herrchen dich nich längst gefressen hat, alsn Wort; kürzer als honorificabilitudinitatibus biste: schnel- ler geschluckt wiene Rosine im Schnapsglas.

MOTH Gib still! Das Gebimmel beginnt.

ARMADO *zu Holofernes* Monsieur, seid Ihr nicht litterär?

MOTH Doch, ist er, er macht aus Kindern Hornvieh. Was heißt A B von rückwärts gelesen mit einem Horn auf dem Kopf?

HOLOFERNES Ba, pueritia, einem Horn addiert.

MOTH Ba! Ein äußerst albernes Hornschaf. Da habt ihr den Hornbuchlehrer.

HOLOFERNES Quis, quis, du Mitlaut?

MOTH Der dritte der fünf Selbstlaute, falls Ihr sie aufsagt, oder der vierte und fünfte, falls ich.

HOLOFERNES Ich sage sie: a, e, i –

MOTH – bin dös Hornschaf; und drum oh, und drum uh!

ARMADO Nun, bei des Mediterraneums Salzflut, ein allerliebster Treffer, eine quicke Parade des Geistes! Schnipp, schnapp,

home, it reioyceth my intellect, true wit.

Page. Offerd by a childe to an old man: which is wit-old.

Peda. What is the figure? What is the figure?
Page. Hornes.
Peda. Thou disputes like an Infant: goe whip thy Gigg.

Pag. Lende me your Horne to make one, and I will whip
about your Infamie *vnum cita* a gigge of a Cuckolds horne.
Clow. And I had but one peny in the world thou shouldst
haue it to buy Ginger bread: Holde, there is the verie
Remuneration I had of thy Maister, thou halfepennie
purse of wit, thou Pidgin-egge of discretion. O and the
heauens were so pleased, that thou wart but my Bastard; What a ioyfull father wouldest thou make me?
Go to, thou hast it *ad dungil* at the fingers ends, as they say.
Peda. Oh I smell false Latine, *dunghel* for *vnguem*.

Brag. *Arts-man preambulat*, we will be singuled from the
barbarous. Do you not educate youth at the Charg-House
on the top of the Mountaine?
Peda. Or *Mons* the hill.
Brag. At your sweete pleasure, for the Mountaine.
Peda. I do *sans question*.
Bra. Sir, it is the Kings most sweete pleasur & affection,
to congratulate the Princesse at her Pauilion, in the *posteriors*
of this day, which the rude multitude call the after-noone.

Peda. The posterior of the day, most generous sir, is liable,
congruent, and measurable for the after noone: the worde is
well culd, chose, sweete, & apt I do assure you sir, I do assure.

quick und zack! Da frohlockt mein Intellekt; das nenne ich Geist.

MOTH Ein Hornopfer des Kükens, dargebracht dem alten Hahn: nun ist die Reih an ihm.

HOLOFERNES Was meint das Bild? Was meint das Bild?

MOTH Hahnreihörner.

HOLOFERNES Du disputierst wie ein Knabe: lauf, schlag deinen Kreisel.

MOTH Borgt mir Euer Horn, ihn draus zu schnitzen, und ich schlage Eure Krise manu cita. Ein Hahnreihornkreisel!

COSTARD Hätt ich aufer Welt bloßn Heller, du würdstn als kriegen für Pfefferkuchn. He, da is ja noch die Remuneration von deim Herrn und Meister, du Scherzkeksdose, du Wachtelei an Takt. O hätts dem Himmel gefalln, dich zu meim Bastard zu machen, wasn fidelen Vater hättst du als aus mir gemacht. Mach weiter; du hast es als im Dung drin, wie die da sagen, im kleinen Finger.

HOLOFERNES Oho, ich wittere falsches Latein: im Dung drin für ad unguem.

ARMADO Mann des Wissens, präambuliert: scheiden wir uns vom Barbarischen ab. Ihr unterweiset die Chugend in jenem Erziehungshaus auf dem Mont?

HOLOFERNES Oder auch mons, der Hügel.

ARMADO Wie der Mont Euch beliebt.

HOLOFERNES Ich tue also, sans question.

ARMADO Sir, es ist des Königs allerwertestes Belieben und Bestreben, der Prinzessin in ihrem Pavillon aufzuwarten, und zwar an dem posterior dieses Tages, welchselbe Zeit die ungeschliffene Menge nennt Nachmittag.

HOLOFERNES Der posterior des Tages, Euer Hochwohlgeboren, ist schicklich für, passend zu und angemessen dem Nachmittag. Die Wendung ist vornehm, fein und ange-

Brag. Sir, the King is a noble Gentleman, and my familier, I do assure ye very good friende: for what is inwarde
betweene vs, let it passe. I do beseech thee remember thy
curtesie. I beseech thee apparrell thy head: and among other
importunt and most serious designes, and of great import in
deede too: but let that passe for I must tell thee it will
please his Grace (by the worlde) sometime to leane vpon
my poore shoulder, and with his royall finger thus dallie
with my excrement, with my mustachie: but sweete hart
let that passe. By the world I recount no fable, some certaine
special honours it pleaseth his greatnes to impart to *Armado*
a Souldier, a man of trauayle, that hath seene the worlde: but
let that passe; the very all of all is: but sweet hart, I do implore
secretie, that the King would haue me present the Princesse
(sweete chuck) with some delightfull ostentation, or show,
or pageant, or antique, or fierworke: Now vnderstanding
that the Curate and your sweete selfe, are good at such erup-
tions, and sodaine breaking out of myrth (as it were) I haue
acquainted you withall, to the ende to craue your assitance.

Peda. Sir, you shall present before her the Nine Worthies,
Sir Holofernes, as concerning some entertainement of time,
some show in the posterior of this day, to be rended by our
assistants the Kinges commaund, and this most gallant illustrate and learned Gentleman, before the Princesse: I say
none so fit as to present the nine Worthies.

bracht, das versichre ich Euch, Sir; das versichre ich.

ARMADO Sir, der König ist ein edler Nobelmann, und mein insbesonderer, das versichre ich Euch, sehr enger Freund. Was innerlich zwischen uns ist, lassen wir aus – ich bitte, gedenkt Eurer Hofpflicht. *Holofernes Hut ab.* Ich bitte, bedeckt Euch. *Holofernes Hut auf.* Und auch all die anderen hochwichtigen und äußerst ernstlichen Ansinnen, und selbst die von größter Bedeutung, aber lassen wir das aus; denn ich muß Euch sagen, es gefällt Ihro Gnaden, bei der Erde, hin und wieder gegen meine unwürdige Schulter sich zu lehnen, und mit dero königlichem Finger, so, meinen Bewuchs zu beschäkern, meinen mustachio: aber, Gutester, lassen wir das aus. Bei der Erde, ich erzähle keine Märchen: wie so manche durchaus erwählte Gunstbezeugung gefällt dem König Armado zuteil werden zu lassen, einem Soldaten, einem Ferngereisten, der die Welt sah: aber lassen wir das aus. Das eigentlich Große aber in dem Ganzen ist, aber, Gutester, ich erflehe Verschwiegenheit, daß der König mir abverlangt, ich möge der Prinzessin, dem Schnuckelchen, eine unterhaltsame Darbietung darstellen, oder show, oder Parade, oder Maskerade, oder Feuerwerkelei. Nun, in Kenntnis, daß der Herr Pfarrer und Ihr höchstselbst groß seid in solchen Aufwallungen und Ausbrüchen der Heiterkeit gewissermaßen, habe ich Euch dies vertraut gemacht, um Euch um Euren Beistand anzugehn.

HOLOFERNES Sir, Ihr werdet ihr die Neun Guten Helden darbieten. Sir Nathaniel, insofern es um einen Zeitvertreib geht, eine show in dem posterior dieses Tages, statthabend mit unserem Beistand, nach des Königs Gebot und dieses wahrlich galanten, illustren und gelahrten Gentleman Weisung, vor der Prinzessin, sage ich, nichts ist so geeignet wie eine Darstellung der Neun Guten Helden.

Curat. Where will you finde men worthie enough to present them?

Peda. *Iosua*, your selfe, my selfe, and this gallant Gentleman *Iudas Machabeus*; this Swaine (because of his great lim
or ioynt) shall passe *Pompey* the great, the Page *Hercules*.

Brag. Pardon sir, error: He is not quantitie enough for
that worthies thumbe, he is not so big as the end of his Club.

Peda. Shall I haue audience? He shall present *Hercules*
in minoritie: his enter and exit shalbe strangling a Snake;
and I will haue an Apologie for that purpose.

Page. An excellent deuice: so if any of the audience hisse,
you may cry, Well done *Hercules*, now thou crusshest the
Snake; that is the way to make an offence gracious, though
few haue the grace to do it.

Brag. For the rest of the Worthies?

Peda. I will play three my selfe.

Page. Thrice worthie Gentleman.

Brag. Shall I tell you a thing?

Peda. We attende.

Brag. We will haue, if this fadge not, an Antique. I beseech you follow.

Peda. *Via* good-man *Dull*, thou hast spoken no worde all
this while.

Dull. Nor vnderstoode none neither sir.

Ped. Alone, we will employ thee.

Dull. Ile make one in a daunce, or so: or I will play on
the Taber to the worthies, and let them dance the hey.

Peda. Most *Dull*, honest *Dull*, to our sport: away.   *Exeunt.*

NATHANIEL Wo wollt Ihr Männer hernehmen, die für die Darstellung genügend heldenhaft sind?

HOLOFERNES Josua, den macht Ihr; dieser galante Gentleman den Judas Maccabäus; der Schäfer, aufgrund seines erhabenen Knochenbaus oder −gerüsts, gibt Pompejus den Großen; der Page den Herkules −

ARMADO Pardon, Sir, Einspruch: er bildet nicht hinlänglich Masse für den Daumen dieses Helden: er ist kürzer als dessen Keule.

HOLOFERNES Läßt man mich ausreden? Er stellt den Herkules minderjährig vor: bei seinem Auftritt wie bei seinem Abgang wird er je eine Schlange erdrosseln; ich werde eine Apologie zu diesem Zweck verfassen.

MOTH Fabelhaft ausgedacht! Falls die Zuschauer zischen, ruft Ihr ›Gut gemacht, Herkules, jetzt zerschmettre die Schlange!‹ Auf diesem Weg wird die Kränkung umgedreht, obwohl die Wenigsten Sinn für den Dreh haben werden.

ARMADO Was den Rest der Helden betrifft?

HOLOFERNES Drei spiele ich selbst.

MOTH Dreifach heldenhafter Gentleman!

ARMADO Soll ich Euch etwas flüstern?

HOLOFERNES Wir sind ganz Ohr.

ARMADO Wir werden, so dieses nicht gerät, zum Ersatz einen Mummenschanz haben. Ich ersuche euch, mir zu folgen.

HOLOFERNES Via, guter Dull! Du hast alldieweil kein Wort gesprochen.

DULL Noch eines verstanden, Sir.

HOLOFERNES Allons! Wir werden dich schon auf Trab bringen.

DULL Ich mach einen mit nem Tanz, oder so; oder ich spiel denen Helden was auf der Trommel, und lass sie Schnaderhüpfl springen.

HOLOFERNES Doll, guter Dull. An die Arbeit! *Alle ab.*

Enter the Ladyes.

Quee. Sweete hartes we shalbe rich ere we depart,
 Yf Fayrings come thus plentifully in.
 A Ladie walde about with Diamondes: Looke you, what I
 haue from the louing King.
Rosa. Madame, came nothing els along with that?
Quee. Nothing but this: yes as much loue in Rime,
 As would be crambd vp in a sheete of paper
 Writ a both sides the leafe, margent and all,
 That he was faine to seale on *Cupids* name.
Rosa. That was the way to make his god-head Wax:
 For he hath been fiue thousand yeere a Boy.
Kath. I and a shrowde vnhappie gallowes too.
Ros. Youle neare be friendes with him, a kild your sister.
Kath. He made her melancholie, sad, and heauie,
 And so she died: had she bin Light like you, of such a mery
 nimble stiring spirit, she might a bin Grandam ere she died.
 And so may you: For a light hart liues long.

Ros. Whats your darke meaning mouce, of this light word?
Kath. A light condition in a beautie darke.
Ros. We neede more light to finde your meaning out.
Kath. Yole marre the light by taking it in snuffe:
 Therefore Ile darkly ende the argument.
Ros. Looke what you do, you do it still i'th darke.
Kath. So do not you, for you are a light Wench.
Ros. In deede I waigh not you, and therefore light.
Kath. You waigh me not, O thats you care not for me.
Ros. Great reason: for past care, is still past cure.

2. Szene

Prinzessin, Maria, Katherine, Rosaline.

PRINZESSIN Ihr Süßen, wir sind reich, bevor wir reisen,
  Wenn mehr solch opulenter Trödel einläuft;
  Seht, was mir der verliebte König schickt:
  In Diamant gemauert eine Lady!
ROSALINE Sonst lief dazu weiter nichts ein, Madam?
PRINZESSIN Nein, weiter nichts! O ja, gereimte Liebe,
  Soviel ein Stück Papier nur fassen kann,
  Beidseitig bekritzelt, bis zum Rand voll,
  Sein Siegelwachs sitzt auf Cupidos Namen.
ROSALINE So kam die Gottheit endlich doch zu Wachstum,
  Die seit Beginn der Welt ein Knabe war.
KATHERINE Ja, und ein verdammter Galgenvogel.
ROSALINE Du haßt ihn, weil er dir die Schwester raubte.
KATHERINE Er machte früh sie trübsinnig und schwer;
  Und daran starb sie: wäre sie, wie du,
  Stets nur auf ihr Vergnügen ausgewesen,
  Als Urgroßmutter wäre sie gestorben;
  Kann sein, du wirsts, denn seicht lebt länger, sagt man.
ROSALINE Welch tiefen Sinn hat, Maus, der seichte Spruch?
KATHERINE Den Flachsinn einer rabendunklen Schönheit.
ROSALINE Wir brauchen Licht, den Sinn uns zu erhellen.
KATHERINE Du löschst die Flamme, putzt du sie herunter;
  Drum lasse ich die Antwort gleich im Dunkeln.
ROSALINE Im Dunkeln läßt du alles, was du tust.
KATHERINE Du leichtes Mädchen tust es auch bei Licht.
ROSALINE Leicht in der Tat, weil nicht so schwer gewogen.
KATHERINE Nicht so gewogen? Hältst du nichts von mir?
ROSALINE Mit Grund! Denn wo kein Heil ist, ist kein Halten.

Quee. Well bandied both, a set of Wit well played.
But *Rasaline*, you haue a Fauour too?
Who sent it? and what is it?
Ros. I would you knew.
And if my face were but as faire as yours,
My Fauour were as great, be witnesse this.
Nay I haue Vearses too, I thanke *Berowne*,
The numbers true, and were the numbring too,
I were the fayrest Goddesse on the ground.
I am comparde to twentie thousand fairs.
O he hath drawen my picture in his letter.
Quee. Any thing like?
Ros. Much in the letters, nothing in the praise.

Quee. Beautious as Incke: a good conclusion.
Kath. Faire as a text B in a Coppie booke.
Ros. Ware pensalls, How? Let me not die your debtor,
My red Dominicall, my golden letter,
O that your face were not so full of Oes.
Quee. A Poxe of that iest, and I beshrow all Shrowes.
But *Katherine* what was sent to you
From faire *Dumaine*?
Kath. Madame, this Gloue.
Quee. Did he not send you twaine?
Kath. Yes Madame: and moreouer,
Some thousand Verses of a faithfull Louer.
A hudge translation of hipocrisie,
Vildly compyled, profound simplicitie.
Marg. This, and these Pearle, to me sent *Longauile*.
The Letter is too long by halfe a mile.
Quee. I thinke no lesse: Dost thou not wish in hart
The Chaine were longer, and the Letter short.

PRINZESSIN Und Einstand; hübsch gespielt, das Wortballspiel.
Du, Rosaline, hast auch ein Liebespfand:
Von wem? Und was?
ROSALINE   Ich hielt es für bekannt:
Und wäre mein Gesicht wie Eures schön,
Wärs auch mein Pfand; hier seht Ihr den Beweis.
Ja, Verse hab ich auch, Berowne sei Dank:
Das Versmaß stimmt, und stimmte die Bemessung,
Wär ich die schönste Göttin auf dem Platz:
Ich übertreffe zwanzigtausend Schöne.
O, er gibt mein Abbild in dem Schreiben.
PRINZESSIN Und gleicht es dir?
ROSALINE Die Schrift schon, die Beschreibung ganz und gar
nicht.
PRINZESSIN Wie Tinte schön; ein lustiger Vergleich.
KATHERINE Schwarz wie groß B in einem Schriftenbuch.
ROSALINE Nicht als dein Schuldner trägst du mich zu Grabe,
Mein gelbes Initial, mein Goldbuchstabe:
Wie ist die Wange dir mit Os besät!
PRINZESSIN Die Pocken dir! Geschmäht wird, wer so schmäht!
Sag, Katherine, was hat Dumain gesandt?

KATHERINE Den Handschuh, Madam.
PRINZESSIN   Für nur eine Hand?
KATHERINE Madam, das nicht; und außerdem
Ein garnicht endenwollendes Poem;
Zeile um Zeile gräßlich übertrieben, –
Platt aufgehäuft, höchst einfallslos geschrieben.
MARIA Dies und die Perlen schickt mir Longaville:
Schon sein Sonett ist ein Sonett zuviel.
PRINZESSIN Soviel steht fest. Hast du nicht auch den Hang
Zu kurzer Dichtung, Ketten bitte lang?

Marg. I, or I would these handes might neuer part.

Quee. We are wise girles to mocke our Louers so.
Ros. They are worse fooles to purchase mocking so.
   That same *Berowne* ile torture ere I go.
   O that I knew he were but in by th'weeke,
   How I would make him fawne, and begge, and seeke,
   And wayte the season, and obserue the times,
   And spend his prodigall wittes in booteles rimes.
   And shape his seruice wholly to my deuice,
   And make him proude to make me proude that iestes,
   So perttaunt like would I ore'sway his state,
   That he should be my foole, and I his fate.
Quee. None are so surely caught, when they are hatcht,
   As Wit turnde Foole, follie in Wisedome hatcht:
   Hath Wisedomes warrant, and the helpe of Schoole,
   And Wits owne grace to grace a learned Foole.
Rosa. The blood of youth burnes not with such excesse,
   As grauities reuolt to wantons be.
Mar. Follie in Fooles beares not so strong a note,
   As foolrie in the Wise, when Wit doth dote:
   Since all the power thereof it doth apply,
   To proue by Wit, worth in simplicitie.
                    Enter Boyet.
Quee. Heere comes *Boyet*, and myrth is in his face.
Boyet. O I am stable with laughter, Wher's her Grace?
Quee. Thy newes *Boyet*?
Boy. Prepare Maddame, prepare.
   Arme Wenches arme, incounters mounted are,
   Against your Peace Loue doth approch, disguysd:
   Armed in argumentes, you'll be surprisd.
   Muster your Wits, stande in your owne defence,

MARIA Ja, diese Hände fühlen Freiheitsdrang.
Zeigt die mit der Perlenkette umwundenen Hände.
PRINZESSIN 's ist weise, diese Herrchen zu verhöhnen.
ROSALINE Und sie sind Narrn, den Hohn sich zu erstöhnen.
Der Kopf soll Herrn Berowne zum Abschied dröhnen.
O hätte ich ihn einmal in den Klauen,
Wie ließe ich ihn schwänzeln, betteln, schauen,
Die Zeit belauern, Stund um Stund sich winden,
Den klugen Kopf mit tauben Reimen schinden,
Und ihn sich mir so völlig unterwerfen,
Daß er noch stolz wär, meinen Spott zu schärfen!
Ihn übertrumpfend, bieg ich ihn so hin,
Daß er mein Narr ist, ich sein Schicksal bin.
PRINZESSIN Nichts hockt so still im Käfig, ists gefangen,
Wie Geist, der Narrheit wurde: angehangen
Hat er der Lehre, zog den Weisheitskarren,
Und spielt nun eifrig den belehrten Narren.
ROSALINE Kein erstes Feuer flammt so unerhört,
Wie hoher Ernst, der sich zur Lust bekehrt.
MARIA Kein Narr, der als so närrisch sich erweist,
Wie der betörte Kluge, dessen Geist
Ihn mächtig treibt, sich selber zu beweisen,
Daß Torheit Geist und Geist müßt Torheit heißen.
Boyet.
PRINZESSIN Hier kommt Boyet, dem etwas Freude macht.
BOYET O meine Damen, selten so gelacht.
PRINZESSIN Warum, Boyet?
BOYET   Alarm, Madame, Alarm!
Ihr Weiber, rüstet euch! Des Krieges Arm
Droht eurem Frieden: Liebe naht maskiert,
Mit Scherz gestählt; ihr werdet usurpiert:
Mustert den Witz; verteidigt eur Gebiet;

Or hide your heades like Cowardes, and flie hence.
Quee. Saint *Dennis* to S. *Cupid*: What are they,
    That charge their breath against vs? Say scout say.
Boy. Vnder the coole shade of a Siccamone,
    I thought to close mine eyes some halfe an houre:
    When lo to interrupt my purposed rest,
    Toward that shade I might beholde addrest,
    The King and his companions warely,
    I stole into a neighbour thicket by,
    And ouer hard, what you shall ouer heare:
    That by and by disguysd they will be heere.
    Their Heralde is a prettie knauish Page:
    That well by hart hath cond his embassage
    Action and accent did they teach him there.
    Thus must thou speake, and thus thy body beare.
    And euer and anon they made a doubt,
    Presence maiesticall would put him out:
    For quoth the King, an Angell shalt thou see:
    Yet feare not thou but speake audaciously.
    The Boy replyde, An Angell is not euill:
    I should haue feard her had shee been a deuill.
    With that all laught, and clapt him on the shoulder,
    Making the bolde wagg by their prayses bolder.
    One rubbd his elbow thus, and fleerd, and swore,
    A better speach was neuer spoke before.
    Another with his fynger and his thume,
    Cried via we will doo't come what wil come.
    The thirde he caperd and cryed, All goes well.
    The fourth turnd on the tooe, and downe he fell:
    With that they all did tumble on the ground,
    With such a zelous laughter so profund,
    That in this spleene rediculous appeares,

V, ii, 91-122

Wo nicht, verhüllt das feige Haupt und flieht.
PRINZESSIN Cupido will Sankt Dionys bedrohn!
Wer schießt mit Zungen auf uns? Sprich, Spion.
BOYET Im Schatten eines Feigenbaums lag ich,
Und freute auf ein Mittagsschläfchen mich,
Da wandelt plötzlich, aus wars mit der Ruh,
Der König samt Geselln dem Schatten zu,
In dem ich lag: behutsam allsogleich
Schlich ich mich nahe bei in ein Gesträuch,
Und ich vernahm, was nunmehr ihr vernehmt:
Daß man sich bald, verkleidet, herbequemt.
Ihr Herold ist ein netter kleiner Page
Mit auswendig gesprochener message;
Sie übten mit ihm Sprache und Gestaltung:
›So trägst dus vor, und so sei deine Haltung‹,
Und sorgten ständig, daß ihn Majestät
Vergessen ließe, wie es weitergeht;
›Denn‹ sprach der König, ›einen Engel siehst du,
Doch faßt du Mut und kühn zu Felde ziehst du.‹
Drauf sagt der Knirps ›Ein Engel, das ist leicht;
Der Teufel hätte mir zur Furcht gereicht.‹
Man klopft ihm auf die Schulter, alles lacht,
Was frecher noch den frechen Knaben macht.
Der eine rieb die Hände, grinste, schwor,
'ne bessre Antwort gab es nicht zuvor;
Ein andrer schnippt die Finger und ruft schrill
›Via, ihr Herrn! Tut, was getan sein will!‹
Der dritte hüpft und schreit ›Kost es die Welt!‹
Der vierte dreht sich auf dem Zeh und fällt.
Dann wälzen alle auf dem Boden sich,
Und lachen derart laut und fürchterlich,
Daß, mitten in dem albernen Beginnen,

To checke their follie pashions solembe teares.
Quee. But what, but what, come they to visite vs?
Boy. They do, they do; and are appariled thus,
  Like *Muscouites*, or *Russians*, as I gesse.
  Their purpose is to parlee, to court, and daunce,
  And euery one his Loue-feat will aduance,
  Vnto his seuerall Mistres: which they'le know
  By Fauours seuerall, which they did bestow.
Quee. And will they so? the Gallants shalbe taskt:
  For Ladies; we will euery one be maskt,
  And not a man of them shall haue the grace
  Despight of sute, to see a Ladies face.
  Holde *Rosaline*, this Fauour thou shalt weare,
  And then the King will court thee for his Deare:
  Holde take thou this my sweete, and giue mee thine,
  So shall *Berowne* take me for *Rosaline*.
  And change you Fauours two, so shall your Loues
  Woo contrarie, deceyued by these remoues.
Rosa. Come on then, weare the Fauours most in sight.
Kath. But in this changing, What is your intent?
Quee. The effect of my intent is to crosse theirs:
  They do it but in mockerie merement,
  And mocke for mocke is onely my intent,
  Their seuerall counsailes they vnboosome shall,
  To Loues mistooke, and so be mockt withall.
  Vpon the next occasion that we meete,
  With Visages displayde to talke and greete.
Ros. But shall we dance, if they desire vs toot?
Quee. No, to the death we will not moue a foot,
  Nor to their pend speach render we no grace:
  But while tis spoke each turne away his face.
Boy. Why that contempt will kill the speakers hart,

Gleich einer Mahnung, ernste Tränen rinnen.

PRINZESSIN Doch wie, doch was, zu uns treibt sie ihr Wahn?

BOYET Er tuts, er tuts; und, mich bedünkt, sie nahn
Als Moskowiter, russisch angetan;
Sie wollen plauschen, tanzen und so Sachen,
Und seinen Antrag will ein jeder machen
Der Dame seiner Wahl, wenns ihr beliebt,
Und sie per Pfand sich zu erkennen gibt.

PRINZESSIN Beliebt es ihr? Die Herren sollen schwitzen;
Uns wird die Maskerade, Ladies, nützen:
Nicht einem Antragsteller solls gelingen,
Zum Antlitz seiner Dame vorzudringen.
Wart, Rosaline, du sollst mein Schmuckstück tragen;
Der König wird dir schöne Dinge sagen.
Hier, nimm du dies, mein Schätzchen, deines ich:
Dann hält Berowne für Rosalinchen mich.
Tauscht auch das Pfand; so wird sich eur Galan,
Vom Wechsel irr, der jeweils andern nahn.

ROSALINE Kommt, kommt; sorgt, daß man eure Pfänder sieht.

KATHERINE Was steckt als Absicht hinter dem Vertauschen?

PRINZESSIN Zu tun, was ihrer Absicht sich entzieht:
Sie wollen sich an ihrem Spaß berauschen,
Und ich will ihren Spaß mit unsrem tauschen.
Was sie aus tiefer Brust der falschen Braut
Geheim eröffneten, wird von uns laut
Verspottet, wenn wir ohne die Grimassen
Abschied nehmen, und die Herren lassen.

ROSALINE Und tanzen wir mit ihnen, nach dem Gruß?

PRINZESSIN Im Leben nicht, wir rühren keinen Fuß:
Auch ihre Floskelsprache rührt uns nicht;
Wir wenden, wenn sie sprechen, das Gesicht.

BOYET Verachtung muß des Redners Herz verschließen,

And quite diuorce his memorie from his part.

Quee. Therefore I do it, and I make no doubt,
The rest will ere come in, if he be out.
Theres no such sport, as sport by sport orethrowne:
To make theirs ours, and ours none but our owne.
So shall we stay mocking entended game,
And they wel mockt depart away with shame. *Sound Trom.*

Boy. The Trompet soundes, be maskt, the maskers come.

*Enter Black-moores with musicke, the Boy with a
speach, and the rest of the Lordes disguysed.*

Page. All haile, the richest Beauties on the earth.

Berow. Beauties no richer then rich Taffata.

Page. *A holy parcell of the fayrest dames that euer turnd their
backes to mortall viewes.*

    The Ladyes turne their backes to him.

Berow. Their eyes villaine, their eyes.

Pag. *That euen turnde their eyes to mortall viewes.*
 Out

Boy. True, out in deede.

Pag. *Out of your fauours heauenly spirites vouchsafe
Not to beholde.*

Berow. Once to beholde, rogue.

Page. *Once to beholde with your Sunne beamed eyes,
With your Sunne beamed eyes.*

Boyet. They will not answere to that Epythat.
You were best call it Daughter beamed eyes.

Pag. They do not marke me, and that bringes me out.

Er stockt, der Worte Strom hört auf zu fließen.
PRINZESSIN Und eben drum; ist einer aus der Fassung,
Erfreut der Rest uns rasch mit Unterlassung.
Nichts macht mehr Spaß, als Spaß mit Spaß verderben,
Wenn wir ihr Alles und sie garnichts erben:
Wir sind bereit, sie spaßig zu empfangen,
Ihr Spaß vergeht, noch ehe sie gegangen.   *Trompete.*
BOYET Trompetenton. Maskiert euch; Masken kommen.

3. Szene

Musikanten, als Mohren kostümiert. König, Lords, als Russen
verkleidet und maskiert. Moth.

MOTH Heil euch, schönste Fraun des Erdenrunds!
Die Ladies wenden ihm den Rücken zu.
BOYET Frauen schön wie Taft, wie schöner Taft.
MOTH Ein Viergestirn der holdseligsten Damen,
Die ihren — Rücken — je dem Mannesauge boten!

BEROWNE ›Anblick‹, Schurke, ›ihren Anblick‹.
MOTH Die ihren Anblick je dem Mannesauge boten!
Aus —
BOYET   Allerdings; aus.
MOTH Aus eurer Gnadenfülle, Himmelsgeister,
Verachtet uns —
BEROWNE ›Betrachtet uns‹, Knallkopf.
Moth Betrachtet uns mit immerjungen Augen — mit immer-
jungen Augen —
BOYET Sie hören nicht auf dies Epitheton;
Du solltest immer ›Mädchenaugen‹ sagen.
MOTH Sie sehn nicht her, das bringt mich völlig raus.

Ber. Is this your perfectnes? begon you rogue.

Rosal. What would these stranges?

Know their mindes *Boyet*.

If they do speake our language, tis our will

That some plaine man recount their purposes.

Know what they would?

Boyet. What would you with the Princes?

Berow. Nothing but peace, and gentle visitation.

Rosa. What would they, say they?

Boy. Nothing but peace, and gentle visitation.

Rosa. Why that they haue, and bid them so be gon.

Boy. She saies you haue it, and you may be gon.

King. Say to her we haue measurd many miles,

To treade a Measure with her on this grasse.

Boy. They say that they haue measurd many a mile,

To tread a Measure with you on this grasse.

Rosa. It is not so. Aske them how manie inches

Is in one mile? If they haue measured manie,

The measure then of one is easlie tolde.

Boy. If to come hither, you haue measurde miles,

And manie miles: the Princesse bids you tell,

How manie inches doth fill vp one mile?

Berow. Tell her we measure them by weerie steps.

Boy. She heares her selfe.

Rosa. How manie weerie steps,

Of manie weerie miles you haue ore gone,

Are numbred in the trauaile of one Mile?

Bero. We number nothing that we spend for you,

Our duetie is so rich, so infinite,

That we may do it still without accompt.

Vouchsafe to shew the sunshine of your face,

That we (like sauages) may worship it.

BEROWNE So hältst du Wort? Verschwinde, Idiot! *Moth ab.*
ROSALINE Was will das Ausland? Stell das fest, Boyet.

Wir befehlen, daß ein Mann in schlichter Rede –
Vorausgesetzt, sie sprechen unsre Sprache –
Uns kundtut, was sie wünschen. Sag es ihnen.
BOYET Welch ein Begehren führt Euch zur Prinzessin?
BEROWNE Nur das, in Frieden angehört zu werden.
ROSALINE Was sagen sie? Was ist es, das sie wünschen?
BOYET Nur das, in Frieden angehört zu werden.
ROSALINE Das wurden sie. Nun bitte sie, zu gehn.
BOYET Sie sagt, das wurdet Ihr, und Ihr mögt gehn.
KÖNIG Sagt Ihr, wir durchmaßen manche Meile,
Gemessnen Schritts mit ihr dies Gras zu treten.
BOYET Sie sagen, sie durchmaßen manche Meile,
Gemessnen Schritts mit Euch dies Gras zu treten.
ROSALINE Das ist nicht wahr. Frag sie, wieviele Füße
Auf eine Meile gehn: durchmaßen sie so manche,
So fällt die Messung einer ihnen leicht.
BOYET Durchmaßt Ihr, bis hierher, so manche Meile,
So bittet die Prinzessin Euch, zu sagen,
Wieviele Fuß auf eine Meile gehn.
BEROWNE Wir maßen sie mit Sehnsuchtsschritten. Sags ihr.
BOYET Sie hörte selbst.
ROSALINEWieviele Sehnsuchtsschritte,
Bei all den Sehnsuchtsmeilen, die Ihr lieft,
Zählt man im Durchmessen solcher Meile?
BEROWNE Wir zählen nicht, was wir für Euch verschwenden:
So unermeßlich groß ist die Verehrung,
Daß, sie zu rechnen, uns unmöglich ist. –
Gönnt uns die Sonne Eures Angesichts,
Auf daß wir zu ihm beten, Heiden gleich.

Rosa. My face is but a Moone, and clouded too.

King. Blessed are cloudes, to do as such cloudes do.
  Vouchsafe bright Moone, and these thy Starrs to shine,
  (Those cloudes remooued) vpon our waterie eyne.
Rosa. O vaine peticioner, begg a greater matter,
  Thou now requests but Mooneshine in the water.
King. Then in our measure, do but vouchsafe one change,
  Thou bidst me begge, this begging is not strange.
Rosa. Play Musique then: nay you must do it soone.
  Not yet no daunce: thus change I like the Moone.
Kin. Wil you not daunce? How come you thus estranged?
Ro. You tooke the moone at ful, but now shee's changed?
King. Yet still she is the Moone, and I the Man.
Rosa. The musique playes, vouchsafe some motion to it,
  Our eares vouchsafe it.

King. But your legges should do it.
Rosa. Since you are strangers, and come here by chance,
  Weele not be nice, take handes, we will not daunce.
King. Why take we handes then?
Rosa, Onely to part friendes.
  Curtsie sweete hartes, and so the Measure endes.
King. More measure of this measue be not nice.
Rosa. We can affoord no more at such a price.
King. Prise you your selues: What buyes your company?
Rosa. Your absence onely.
King. That can neuer be.
Rosa. Then cennot we be bought: and so adue,
  Twice to your Visore, and halfe once to you.
King. If you denie to daunce, lets holde more chat.
Rosa. In priuat then.

Rosaline *wendet sich.* Ich bin ein Mondgesicht im Wolken-
dunst.

König Gesegnet sind die Wolken mit der Gunst.
O Silbermond, samt deinen Sternen leuchte
Uns wolkenlos ins Aug, das salzig feuchte.

Rosaline Welch dürftig Bitten! Fleht sogleich um mehr:
Ein Mondschein auf dem Salzsee macht nichts her.

König So tanzt mit uns gemessne Wechselschritte.
Ihr hießt mich bitten; weigert nicht die Bitte.

Rosaline Dann spiel, Musik! Nur zu, wie ihrs gewohnt.
Noch nicht? – Kein Tanz: gewechselt hat der Mond.

König Ihr tanzt nicht? Warum haltet Ihr uns knapp?

Rosaline Ihr nahmt den Mond für voll, und er nahm ab.

König Doch Mond bleibt Mond: ich bin der Mann im Mond.
Die Musiker, sie spielen, wie gewohnt:
Nun vergönnt auch Ihr uns eine Regung.

Rosaline Die Ohren tuns.

König   Nein, eine Beinbewegung.

Rosaline Da ihr vom Ausland seid, ist Toleranz
Die erste Pflicht: die Hand. Doch nicht zum Tanz.

König Wozu denn dann?

Rosaline   Zum Abschied. Ihr habts weit.
Verbeugung, Herzchen; Schluß der Lustbarkeit.

König Nein, nur noch mehr davon. Tut nicht wie Eis.

Rosaline Mehr können wir nicht bieten für den Preis.

König Setzt selbst fest, was Eur Beisein kaufen kann.

Rosaline Nur Euer Abgang.

König   Das geht schwerlich an.

Rosaline Dann kauft uns nichts. Somit dreimal Adieu:
Zwei für die Maske, eines für Monsieur.

König Verweigert Ihr den Tanz, laßt uns noch plaudern.

Rosaline Woanders denn.

King. I am best pleasd with that.

Berow. White handed Mistres, one sweet word with thee.
Quee. Honie, and Milke, and Suger: there is three.
Ber. Nay then two treyes, an if you grow so nice,
     Methegline, Wort, and Malmsey; well runne dice:
     There's halfe a dosen sweetes.
Quee. Seuenth sweete adue, since you can cogg,
     Ile play no more with you.
Ber. One word in secret.
Quee. Let it not be sweete.
Bero. Thou greeuest my gall.
Quee. Gall, bitter,
Bero. Therefore meete.

Duman. Will you vouchsafe with me to change a word?
Maria. Name it.
Duma. Faire Ladie.
Mar. Say you so? Faire Lord, take that for your faire Lady

Duma. Please it you, as much in priuat, & ile bid adieu.

Maria. What, was your vizard made without a tongue?
Long. I know the reason (Lady) why you aske.
Mari. O for your reason, quickly sir, I long?
Long. You haue a double tongue within your Maske,
     And would afforde my speachles vizard halfe.
Mar. Veale quoth the Dutch-man: is not veale a Calfe?
Long. A Calfe faire Ladie.
Mar. No, a faire Lorde Calfe.
Long. Let's part the word?

KÖNIG Wie sollte ich da zaudern!

Sie gehen beiseite.

BEROWNE Du weiße Hand, von dir zwei süße Worte.

PRINZESSIN Hier hast du drei: Rohrzucker, Honig, Torte.

BEROWNE Nun denn, drei geh ich mit, kommt Ihr mir spitz:
Süßwasser, Süßwein, Süßholz; würfle, Witz:
Die Sechs schmeckt süß.

PRINZESSIN Adieu, du süße Sieben;
Ich höre auf, du spielst mir zu durchtrieben.

BEROWNE Ein Wort zu zweit.

PRINZESSIN Doch sauer muß es sein.

BEROWNE Die Galle sprichts.

PRINZESSIN Wie bitter.

BEROWNE Drum schlagt ein.

Sie gehen beiseite.

DUMAIN Sehr gerne tauschte ich mit Euch ein Wort.

MARIA Sprecht.

DUMAIN Beste Lady –

MARIA Wars das? Bester Lord:
Das für die ›beste Lady‹.

DUMAIN Ob Ihr mich
Wohl noch allein anhört? Dann gehe ich.

Sie gehen beiseite.

KATHERINE Wie? Ist Eure Maske etwa stumm?

LONGAVILLE Lady, ich weiß wohl, warum Ihr fragt.

KATHERINE O, mich verlangt zu hören, Sir; warum?

LONGAVILLE Wenn meine Maske sprachlos ist, so tragt
Ihr mir der Euren lose Zunge an.

KATHERINE Kennt Ihr ein Kalb, das damit sprechen kann?

LONGAVILLE Ein Kalb, verehrte Lady?

KATHERINE Nein, ein Lordkalb.

LONGAVILLE Wir teilen uns das Wort.

Mar. No, Ile not be your halfe:

Take all and weane it, it may proue an Oxe.

Lon. Loke how you butt your selfe in these sharpe mocks,

Will you giue hornes chast Lady? do not so.

Mar. Then die a Calfe, before your hornes do grow.

Long. One word in priuate with you ere I die.

Mar. Bleat softly then, the Butcher heares you crie.

Boyet. The tongues of mocking Wenches are as keene

As is the Rasors edge inuisible:

Cutting a smaller haire then may be seene,

Aboue the sence of sence so sensible,

Seemeth their conference, their conceites haue winges,

Fleeter then Arrowes, bullets wind thought swifter thinges.

Rosa. Not one word more my Maides, break off, break off.

Bero. By heauen, all drie beaten with pure scoffe.

King. Farewel mad Wenches, you haue simple wits. *Exe.*

Quee. Twentie adieus my frozen Muskouits.

Are these the breede of Wits so wondered at?

Boye. Tapers they are with your sweete breaths puft out.

Rosa. Wel-liking Wits they haue grosse grosse, fat fat.

Quee. O pouertie in wit, Kingly poore flout.

Will they not (thinke you) hange them selues to nyght?

Or euer but in vizards shew their faces.

This pert *Berowne* was out of countnance quite.

Rosa. They were all in lamentable cases,

The King was weeping ripe for a good word.

Quee. *Berowne* did sweare him selfe out of all suite.

Mar. *Dumaine* was at my seruice, and his sword,

No poynt (quoth I) my seruant, straight was mute.

KATHERINE   Ich will nichts halb.
Nehmts hin und mästets, daß ein Ochs es werde.
LONGAVILLE Euch selbst verletzt die spöttische Gebärde:
Verteilt Ihr, Lady, Hörner? Tut das nicht.
KATHERINE Dann sterbt als Kalb, lebt Ihr dem Hornverzicht.
LONGAVILLE Bevor ich sterbe, noch ein Wort in Ruhe.
KATHERINE Brüllt leis! Der Metzger kommt, hört er Gemuhe.
                        Sie gehen beiseite.
BOYET Der Weiber Zungen, wo sie spotten, halten
    An Schärfe mit der feinsten Klinge mit;
    Sie können unsichtbare Haare spalten,
    Und teiln den Sinn des Sinns der Dinge mit.
    So schnell wie das, was Weiberzungen zanken,
    Sind Pfeile nicht, nicht Kugeln, Wind, Gedanken.
ROSALINE Nicht ein Wort mehr, ihr Mädchen: Schluß jetzt,
    Schluß!
BEROWNE Daß man sich so verdreschen lassen muß!
KÖNIG Weibsvolk, leb wohl: viel hast du nicht zu bieten.
PRINZESSIN Zwanzig Adieus, ihr steifen Moskowiten.
                König, Lords und Musikanten ab.
    Und diese Herren wollt ihr geistreich nennen?
BOYET Talglichter sinds, eur Anhauch blies sie aus.
ROSALINE Männerscherze, grob, wie wir sie kennen.
PRINZESSIN O, witzlos geistverarmtes Königshaus!
    Werden sie sich hängen heute nacht?
    Oder je noch ohne Maske gehn?
    Ganz aus der Fassung war Berowne gebracht.
ROSALINE O, alle warn sie kläglich anzusehn!
    Der König weinte fast, mich zu bewegen.
PRINZESSIN Berowne schwor sich zu meinen Gunsten dumm.
MARIA Dumain kniet nieder, schwört auf seinen Degen:
    Nichts Spitzes! rufe ich, schon ist er stumm.

149

Kath. Lord *Longauill* said I came ore his hart:
  And trow you what he calde me?
Quee. Qualme perhapt.
Kath. Yes in good faith.
Quee. Goe sicknes as thou art.
Ros. Well, better wits haue worne plaine statute Caps.
  But will you heare; the King is my Loue sworne.
Quee. And quicke *Berowne* hath plighted Fayth to me.
Kath. And *Longauill* was for my seruice borne.
Mar. *Dumaine* is mine as sure as barke on tree.
Boyet. Madame, and prettie mistresses giue eare.
  Immediatly they will againe be heere,
  In their owne shapes: for it can neuer be,
  They will digest this harsh indignitie.
Quee. Will they returne?
Boy. They will they will, God knowes,
  And leape for ioy, though they are lame with blowes:
  Therefore change Fauours, and when they repaire,
  Blow like sweete Roses, in this sommer aire.
Quee. How blow? how blow? Speake to be vnderstood.
Boy. Faire Ladies maskt, are Roses in their bud:
  Dismaskt, their dammaske sweete commixture showne,
  Are Angels varling cloudes, or Roses blowne.
Quee. Auaunt perplexitie, What shall we do,
  If they returne in their owne shapes to woe?
Rosa. Good Madame, if by me youle be aduisde,
  Lets mocke them still as well knowne as disguysde:
  Let vs complaine to them what fooles were heare,
  Disguysd like *Muscouities* in shapeles geare:
  And wonder what they were, and to what ende
  Their shallow showes, and Prologue vildly pende.
  And their rough carriage so rediculous,

KATHERINE Lord Longaville sprach, ich säß ihm im Herzen;
  Und wißt ihr, wie er mich genannt?
PRINZESSIN   Sein Übel.
KATHERINE Ja, stellt euch vor.
PRINZESSIN   Geh, machst dem Herzchen Schmerzen.
ROSALINE Manch einer hat mehr Grips und riecht nach Zwiebel.
  Was nun? Mir hat der König sich verschworen.
PRINZESSIN Mir schwur Berowne, daß er nicht Ruh mehr finde.
KATHERINE Und Longaville ward nur für mich geboren.
MARIA Ich bin Dumain das, was dem Baum die Rinde.
BOYET Ihr, Madam, und ihr, liebe Damen, hört.
  Sie machen auf dem Absatz wieder kehrt
  Und als sie selbst; nicht ohne Aufzumucken
  Können sie die harsche Abfuhr schlucken.
PRINZESSIN Sie kehren um?
BOYET   Sie tuns, sie tuns, weiß Gott;
  Im Bocksprung, wenn auch lahm von euren Prügeln:
  Die Pfänder tauscht; und wenn die Herrn hier sind,
  Erblüht wie Rosen ihr im Sommerwind.
PRINZESSIN Wer blüht? Was blüht? Was willst du damit sagen?
BOYET Der Knospe gleichen Fraun, die Masken tragen;
  Doch fällt die Maske, sehn wir Rosen sprießen,
  Sehn Engel, welche Wolken fallen ließen.
PRINZESSIN Weg, Wirrkopf! Sagt, wie wir uns helfen sollen,
  Wenn sie nun als sie selber werben wollen?
ROSALINE Mein Rat: ob sie verkleidet sind, ob nicht,
  Wir lachen ihnen dennoch ins Gesicht.
  Wir klagen ihnen, welche Narrenbande
  Uns russisch kam, die Kittel eine Schande,
  Und wie wir uns gewundert, wer uns wohl
  Mit öden Reden plagt, mit Possen hohl,
  Kurz, was der albern plumpe Aufzug wollte,

Should be presented at our Tent to vs.

Boyet. Ladies, withdraw: the gallants are at hand,

Quee. Whip to our Tents as Roes runs ore land.   *Exeunt.*

Enter the King and the rest.

King. Faire sir, God saue you: Wher's the Princesse?

Boyet. Gone to her Tent. Please it your Maiestie com-
   maunde me any seruice to her thither,

King. That she vouchsafe me audience for one word.

Boy. I will, and so will she, I know my Lord.   *Exit.*

Berow. This fellow peckes vp Wit as Pidgions Pease,
   And vtters it againe when God dooth please.
   He is Witts Pedler, and retales his wares:
   At Wakes and Wassels, meetings, markets, Faires.
   And we that sell by grosse, the Lord doth know,
   Haue not the grace to grace it with such show.
   This Gallant pins the Wenches on his sleeue.
   Had he bin *Adam* he had tempted *Eue.*
   A can carue to, and lispe: Why this is hee
   That kist his hand, a way in courtisie.
   This is the Ape of Forme, Mounsier the nice,
   That when he playes at Tables chides the Dice
   In honorable tearmes; nay he can sing
   A meane most meanely, and in hushering.
   Mende him who can, the Ladies call him sweete.
   The staires as he treades on them kisse his feete.
   This is the floure that smyles on euery one.
   To shew his teeth as white as Whales bone.

Der uns im Freien unterhalten sollte.

BOYET Die Freier nahen. Ladies, ab ins Zelt.

PRINZESSIN Und husch hinweg, wie Rehe übers Feld.

Prinzessin, Rosaline, Katherine, Maria ab.

4. Szene

Boyet. König, Berowne, Longaville, Dumain.

KÖNIG Verehrter Herr, wo find ich die Prinzessin?

BOYET In ihrem Zelt. Beliebt es Eurer Hoheit,
Mir einen Auftrag an sie zu erteilen?

KÖNIG Daß ich sie bitten ließe, auf ein Wort.

BOYET Ich eile, so, wie sie es wird, Mylord. *Ab.*

BEROWNE Der Kerl pickt Witz auf, wie die Spatzen Spelt,
Und teilt ihn da aus, wo es Gott gefällt.
Er trödelt Scherze, gibt den Kram zum Besten
Bei Messen, Märkten, Feiern, hohen Festen;
Und uns Grossisten wills, helf Gott, nicht glücken,
Gleich ihm mit unsrer Ware zu entzücken.
An seinem Ärmel stecken Frauenherzen;
Sein Adam würde mit der Schlange scherzen.
Er ist der Könner, säuselt, ja, er ist
Der, der galant die Hand sich weggeküßt;
Ein Affe des Benimms, Herr Ausgesucht,
Der noch am Spieltisch fein den Würfeln flucht;
Und singt mittelste Mittellage! Wer
Glänzt als Unterhalter, wenn nicht er?
Bei den Ladies gilt er als ›der Süße‹;
Die Treppenstufen küssen ihm die Füße.
Er ist das Blümchen Lächlejedemfein,
Mit seinen Zähnen weiß wie Walfischbein;

And consciences that will not die in debt,
Pay him the due of honie-tonged *Boyet*.
King. A blister on his sweete tongue with my hart,
That put *Armathoes* Page out of his part.
Enter the Ladies.
Bero. See where it comes. Behauiour what wert thou?
Till this mad man shewed thee, and what art thou now?
King. All haile sweete Madame, and faire time of day.
Quee. Faire in all Haile is foule, as I conceaue.
King. Consture my spaches better, if you may.
Quee. Then wish me better, I will giue you leaue.
King. We came to visite you, and purpose now,
To leade you to our Court, vouchsafe it then.
Quee. This Feelde shall holde me, and so hold your vow:
Nor God nor I delights in periurd men.
King. Rebuke me not for that which you prouoke:
The vertue of your eie must breake my oth.
Que. You nickname vertue, vice you should haue spoke:
For vertues office neuer breakes mens troth.
Now by my maiden honour yet as pure,
As the vnsallied Lilly I protest,
A worlde of tormentes though I should endure,
I would not yeelde to be your houses guest:
So much I hate a breaking cause to be
Of heauenly Othes vowed with integritie.
King. O you haue liu'd in desolation heere,
Vnseene, vnuisited, much to our shame.
Quee. Not so my Lord, it is not so I sweare,
We haue had pastimes here and pleasant game,
A messe of *Russians* left vs but of late.
King. How Madame? *Russians*?
Quee. I in trueth My Lord.

Und wer da stirbt, trägt noch mit letzter Lunge
Die Schuld ihm ab, und nennt ihn Honigzunge.
KÖNIG Mit Eiter sei die Zunge ihm behext:
Sie warf Armados Pagen aus dem Text.

Boyet. Prinzessin, Rosaline, Maria, Katherine.

BEROWNE Seht euch das an! Was wart ihr, gute Sitten,
Bevor ihr diesen Narrn bei euch gelitten?
KÖNIG Heil Euch, Madam; einen guten Tag.
PRINZESSIN Ihr wollt mich heilen? Wißt Ihr, was mir fehlt.
KÖNIG Dies Mißverstehen deute, wer da mag.
PRINZESSIN Ich mag die Deutlichkeit, die nichts verhehlt.
KÖNIG Wir kommen zu Besuch und sind bereit,
Euch Unsern Hof nicht länger zu versperren.
PRINZESSIN Ich bleib dem Acker treu, bleibt ihrs dem Eid:
Gott nicht, noch ich, mag eidvergessne Herren.
KÖNIG Wollt nicht mit mir zugleich Euch selbst verklagen:
Eure Anmut bricht mit meinem Schwur.
PRINZESSIN Ihr lästert Anmut; Armut wollt ihr sagen,
Der Armut Pflicht sind Treu und Glauben nur.
Und nun, bei meiner Ehre, welche rein
Wie meines Wappens Lilie ist, erkläre
Ich hier, daß, droht auch eine Welt voll Pein,
Ich Euch nie, Eur Gast zu sein, gewähre;
Ich hasse es, in mir den Grund zu sehn
Für eines Treubruchs gottloses Vergehn.
KÖNIG O, wie Verbannte habt ihr hier gelebt,
Einsam und verlassen, uns zur Schande.
PRINZESSIN So ist es nicht, Mylord; nicht so, vergebt:
Wir hatten manche Kurzweil. Eine Bande
Von Russen hat uns gerade erst beehrt.
König Wie, Madam! Russen!
PRINZESSIN   Allerdings, Mylord;

    Trim gallants, full of Courtship and of state.

Rosa. Madame speake true: It is not so my Lord:
    My Ladie (to the maner of the dayes)
    In curtesie giues vndeseruing praise.
    We foure in deede confronted were with foure,
    In *Russian* habite: heere they stayed an houre,
    And talkt apace: and in that houre (my Lord)
    They did not blesse vs with one happie word.
    I dare not call them fooles; but this I thinke,
    When they are thirstie, fooles would faine haue drinke.

Bero. This iest is drie to me, gentle sweete,
    Your wits makes wise thinges foolish when we greete
    With eies best seeing, heauens fierie eie:
    By light we loose light, your capacitie
    Is of that nature, that to your hudge stoore,
    Wise thinges seeme foolish, and rich thinges but poore.

Rosa. This proues you wise and rich: for in my eie.

Bero. I am a foole, and full of pouertie.

Rosa. But that you take what doth to you belong,
    It were a fault to snatch wordes from my tongue.

Ber. O, I am yours and all that I possesse.

Rosa. All the foole mine.

Ber. I cannot giue you lesse.

Ros. Which of the Vizards was it that you wore?

Ber. Where, when, what Vizard? why demaund you this?

Rosa. There, then, that Vizard, that superfluous case,
    That hid the worse, and shewed the better face.

King. We were descried, theyle mock vs now dounright.

Duman. Let vs confesse and turne it to a iest.

Quee. Amazde my Lord? Why lookes your highnes sad?

Rosa. Helpe holde his browes, heele sound: why looke
    you pale?

Wahre Galane, kunst- und gunstbewehrt.
ROSALINE Bleibt bei der Wahrheit, Madam. Nein, Mylord,
Mylady, folgend einem Zug der Zeit,
Färbt hier nur schön, aus purer Höflichkeit.
Uns vier befiel hier eine Viererrunde
In Russentracht: sie blieben eine Stunde
Und schnarrten, und in all der Zeit, Mylord
Fanden sie für uns kein wahres Wort.
Sie Narrn zu nennen, will mich kühn bedünken,
Doch sind sie durstig, sehn wir Narren trinken.
BEROWNE Der Scherz bedünkt mich trocken. Beste Dame,
So schlau seid Ihr, daß Klugheit meint, sie lahme:
Grüßt unser Auge frei das Himmelslicht,
Bleibt vor dem Licht uns viel vom eignen nicht.
Ganz so zehrt ihr von einer Geisteskraft,
Die klug in dumm, und reich in arm umschafft.
ROSALINE Ihr zeigt Euch reich und klug; in meinen Augen –
BEROWNE Bin ich ein Narr, und soll zu garnichts taugen.
ROSALINE So ihr zum Euren Euch nicht mögt bequemen,
Wars falsch, das Wort mir aus dem Mund zu nehmen.
BEROWNE O! Ich bin Euer, und mit mir, was mein.
ROSALINE Ein ganzer Narr?
BEROWNE   Viel wen'ger kanns nicht sein.
ROSALINE Welche Maske habt denn Ihr getragen?
BEROWNE Wo? Wann? Und welche Maske? Warum fragt Ihr?
ROSALINE Hier, grad, die Maske, Vorbau, der bewirkt,
Daß man sein wahres Antlitz fein verbirgt.
KÖNIG Wir sind verschrien; nun sind wir ihre Opfer.
DUMAIN Gestehn wirs, und behaupten, 's war ein Scherz.
PRINZESSIN So still, Mylord? Eur Hoheit scheint betrübt.
KATHERINE Zu Hilfe! Stützt ihn!
MARIA   Er ist blaß geworden.

157

Sea sicke I thinke comming from Muscouie.

Bero. Thus pooure the Starres downe plagues for periurie.
Can anie face of brasse hold longer out?
Heere stand I, Ladie dart thy skill at me,
Bruse me with scorne, confound me with a flout.
Thrust thy sharpe wit quite through my ignorance,
Cut me to peeces with thy keene conceit.
And I will wish thee neuer more to daunce,
Nor neuer more in Russian habite waite.
O neuer will I trust to speaches pend,
Nor to the motion of a Schoole-boyes tongue:
Nor neuer come in vizard to my friend,
Nor woo in rime like a blind harpers songue.
Taffata phrases, silken tearmes precise,
Three pilde Hiberboles, spruce affection:
Figures pedanticall, these sommer flies,
Haue blowne me full of maggot ostentation.
I do forsweare them, and I here protest,
By this white Gloue (how white the hand God knowes)
Hencefoorth my wooing minde shalbe exprest
In russet yeas, and honest kersie noes.
And to begin Wench, so God helpe me law,
My loue to thee is sound, *sance* cracke or flaw.

Rosa. Sans, sans, I pray you.

Bero. Yet I haue a tricke,
Of the olde rage: beare with me, I am sicke.
Ile leaue it by degrees; soft, let vs see,
Write *Lord haue mercie on vs*, on those three,
They are infected, in their hartes it lyes:
They haue the Plague, and caught it of your eyes,
These Lordes are visited, you are not free,
For the Lords tokens on you do I see.

KATHERINE Seekrank vielleicht: wer ganz von Moskau schifft!
BEROWNE So streun die Sterne unserm Meineid Gift.
  Kein Bronzeantlitz hielte länger aus!
  Hier steh ich, Lady, wirf den Pfeil, der trifft;
  Zerstör mich, Hohn, Spott, mach mir den Garaus;
  Durchstich mir, scharfer Witz, die Ignoranz;
  Schneid mich in Stücke, kühler Überblick;
  Nie wieder bitte ich um einen Tanz,
  Noch kehre ich als Russe je zurück.
  O! Ich verwerf euch, faule Schreiberein,
  Dich, Sinnenschwulst, nach dem ein Schulbub lechzt,
  Das dumme Maskenspiel beim Stelldichein,
  Euch Liebesreime, die ein Blinder krächzt;
  Der Phrasentaft, dies seidige Berücken,
  Dies Übertreiben, der Rhetoriktick,
  Die lang gesuchten Bilder: diese Mücken,
  Sie stachen mich mit Eitelkeiten dick:
  Ich schwör sie ab; und hier will ich geloben,
  Bei diesem Weiß (die Hand sieht Gott allein),
  Mein Freierglück hinkünftig zu erproben
  Mit schlichtem Ja und grobgewebtem Nein:
  Und zum Beginn sag ich – Herr, hilf mir noch! –
  Mein Herz liebt wie ein Essigkrug, sans Loch.
ROSALINE Sans ›sans‹, ich bitte.
BEROWNE   Falle ich zurück
  In alte Leiden, habt Geduld, mit Glück
  Werd ich gesund. Still! Schaut nur diese drei:
  Als stünd ein Schild ›Erlös uns, Herr‹ dabei,
  So sind sie infiziert, die Herzen nahm sie,
  Die Pestilenz, aus eurem Auge kam sie:
  Die Lords hier hats erwischt; auch Euch trafs schon
  Denn Pfänder dieser Lords tragt ihr davon.

Quee. No, they are free that gaue these tokens to vs.

Berow. Our states are forfait, seeke not to vndoo vs.

Rosa. It is not so, for how can this be true,
   That you stand forfait, being those that sue.

Bero. Peace, for I will not haue to doe with you.

Rosa. Nor shall not, if I do as I intende.

Bero. Speake for your selues, my wit is at an ende.

King. Teach vs sweet Madame, for our rude transgression
   Some faire excuse.

Quee. The fairest is confession.
   Were not you here but euen now, disguysde?

King. Madame, I was.

Quee. And were you well aduisde?

King. I was faire Madame.

Quee. When you then were heere,
   What did you whisper in your Ladies eare?

King. That more then all the world, I did respect her.

Quee. When she shall challenge this, you wil reiect her.

King. Vpon mine honour no.

Quee. Peace peace, forbeare: your Oth once broke, you
   force not to forsweare.

King. Despise me when I breake this oth of mine.

Quee. I will, and therefore keepe it. *Rosaline,*
   What did the *Russian* whisper in your eare?

Rosa. Madame, he swore that he did hold me deare,
   As precious ey-sight, and did value me
   Aboue this Worlde: adding thereto more ouer,
   That he would wed me, or els die my Louer.

Quee. God giue thee ioy of him: the Noble Lord
   Most honourablie doth vphold his word,

King. What meane you Madame: by my life my troth,

PRINZESSIN Wir tragen nichts davon, schon gar kein Pfand.

BEROWNE Wir sind verfallen, sind in Eurer Hand.

ROSALINE Es ist nicht wahr, daß ihr verfallen seid,
    Treibt Ihr die Pfandschuld ein und vor der Zeit.

BEROWNE Und Schluß! Ich bin zu mehr nun nicht bereit.

ROSALINE Geht es nach mir, so sollt Ihrs niemals sein.

BEROWNE Sprecht ihr für euch. Ich stell das Reden ein.

KÖNIG Belehrt uns, wie, wer sich so grob vergeht,
    Verzeihung finden kann.

PRINZESSIN   Wenn er gesteht.
    Zogt Ihr soeben nicht maskiert von hinnen?

KÖNIG Madam, ich tat es.

PRINZESSIN   Und Ihr wart bei Sinnen?

KÖNIG Ich war es, Madam.

PRINZESSIN   Und zuvor,
    Was spracht Ihr eurer Dame da ins Ohr?

KÖNIG Daß ohne sie die Welt mir nichts bedeutet.

PRINZESSIN Und will sies wissen, ist sie abgeläutet.

KÖNIG Bei meiner Ehre, nein.

PRINZESSIN   Gemach, gemach!
    Was gilt ein Schwur dem, der ihn einmal brach?

KÖNIG Verachtet mich, wenn ich den Eid nicht halte.

PRINZESSIN Das werde ich; sprich, Rosaline, was lallte
    Der Russe dir – denkt an den Eid – ins Ohr?

ROSALINE Madame, daß er mich so liebe, schwor
    Er, wie sein Augenlicht, und daß er mich
    Über alles stelle; und er sich,
    So schwor er noch, nach seinem Werben,
    Als Gatte sähe, oder liebend sterben.

PRINZESSIN Freu dich mit Gott an ihm! Der edle Lord
    Steht äußerst ehrenhaft zu seinem Wort.

KÖNIG Was heißt das, Madam? Nie, bei meinem Leben,

I neuer swore this Lady such an oth.

Rosal. By heauen you did; and to confirme it plaine,
You gaue me this: but take it sir againe.

King. My faith and this, the Princesse I did giue,
I knew her by this Iewell on her sleeue.

Quee. Pardon me sir, this Iewell did she weare,
And Lord *Berowne* (I thanke him) is my deare.
What? will you haue me, or your Pearle againe?

Berow. Neither of either: I remit both twaine.
I see the tricke ant: here was a consent,
Knowing aforehand of our meriment,
To dash it lik a Christmas Comedie:
Some carry tale, some please-man, some sleight saine:
Some mumble newes, some trencher Knight, some Dick
That smyles, his cheeke in yeeres, and knowes the trick
To make my Lady laugh, when shees disposd:
Tolde our intentes before: which once disclosd,
The Ladies did change Fauours; and then wee
Folowing the signes, wood but the signe of shee,
Now to our periurie, to add more terror,
We are againe forsworne in will and error.
Much vpon this tis: and might not you
Forestall our sport, to make vs thus vntrue?
Do not you know my Ladies foote by'th squier?
And laugh vpon the apple of her eie?
And stand betweene her backe sir and the fier,
Holding a trencher, iesting merrilie?
You put our Page out: goe, you are aloude.
Die when you will, a Smocke shalbe your shroude.
You leere vpon me, do you: ther's an eie
Woundes like a leaden sword.

Boyet. Full merely hath this braue nuage, this carreere

Hab ich der Dame solch ein Wort gegeben.
ROSALINE Ihr habt, bei Gott! Und zum Beweis gabt Ihr
    Mir dies: doch, Sir, nehmt es zurück von mir.
KÖNIG Der Fürstin galt mein Schwur, und diese Gabe:
    Der Schmuck verriet mir, wen ich vor mir habe.
PRINZESSIN Pardon, Sir, sie hat diesen Schmuck getragen;
    Und Lord Berowne, wofür ihm Dank zu sagen,
    Ist mein. Wollt Ihr die Perle oder mich?
BEROWNE Von beiden keines; da verzichte ich.
    Der Kniff ist deutlich: man war hier bereit,
    Wohl wissend um die kleine Lustbarkeit,
    Sie auszupfeifen wie ne Weihnachtsposse;
    Ein Klatschmaul, Spitzel, feiner Zeitgenosse,
    Ein Schwätzer, Tafelheld und Galgenstrick,
    Vom Dauerlächeln knittrig, kennt den Trick,
    Wie man Mylady lachen macht, und steckt
    Den Damen unsern Plan; dies aufgedeckt,
    Tauscht Lady nun mit Lady unser Pfand,
    Und wir, wir boten dem, nicht ihr die Hand.
    Verdoppelt haben wir den Eidbruch nun:
    Zu dem gewollten kommt das blinde Tun.
    So steht es: war dir viel daran gelegen,
    Uns zu dem zweiten Meineid zu bewegen?
    Kennst du Myladys Fußabdruck im Wasser,
    Und lächelst ihr direkt in die Pupillen?
    Dienst du als Ofenschirm und Witzabfasser,
    Und bist ihr mit dem Kekstablett zu Willen?
    Den Pagen brachtst du raus: nur zu, Herr Schmock;
    Ein Weibernachthemd sei dein Totenrock,
    Stirb bald. Was glotzt du so? Dein Blick
    Verwundet wie ein Pappschwert.
BOYET   Mit Geschick

bin run.

Bero. Loe, he is tilting straight. Peace, I haue don.

Enter Clowne.

Ber. Welcome pure wit, thou partst a faire fray.

Clow. O Lord sir, they would know,
　　Whether the three Worthis shall come in or no?

Ber. What, are there but three?

Clow. No sir, but it is vara fine,
　　For euerie one pursents three.

Bero. And three times thrice is nine.

Clow. Not so sir, vnder correction sir, I hope it is not so.
　　You cannot beg vs sir, I can assure you sir, we know what
　　we know: I hope sir three times thrice sir.

Bero. Is not nine.

Clow. Vnder correction sir we know where-vntill it doth
　　amount.

Bero. By Ioue, I all wayes tooke three threes for nine.

Clow. O Lord sir, it were pittie you should get your liuing
　　by reckning sir.

Bero. How much is it?

Clow. O Lord sir, the parties themselues, the actors sir
　　will shew wher-vntill it doth amount: for mine owne part, I
　　am (as thy say, but to parfect one man in one poore man)
　　Pompion the great sir.

Bero. Art thou one of the Worthies?

Clow. It pleased them to thinke me worthie of *Pompey*

Habt Ihr die Hunderennbahn hier durchlaufen.
BEROWNE Da! Er läßtst nicht. Kusch! Ich will verschnaufen.

Costard.

Willkommen, Spaßquell! Trennst ein nettes Raufen.

5. Szene

Die Vorigen. Costard.

COSTARD O Mann, Sir, die wolln wissen,
  Ob die drei Guten Heldn jetz kommn müssen.
BEROWNE Was, nur drei?
COSTARD   Nee, Sir, das klappt als fein,
  Denn einer murkst je drei.
BEROWNE   Und dreimal Drei macht Neun.
COSTARD Das nicht, Sir; Irrtum inbegriffen, Sir, das will ich
  nicht hoffn. Ihr könnt uns nich dumm machn, Sir, da
  könnt Ihr als Gift drauf nehm; unsereiner weiß, was er
  weiß: ich hoff, dreimal Drei, Sir –
BEROWNE Macht nicht Neun.
COSTARD Irrtum inbegriffen, Sir, unsereiner weiß schon, bis
  wieviel das klettert.
BEROWNE Bei Jupiter, drei Dreien waren für mich stets Neun.
COSTARD O Mann, Sir! Das wär was, wenn Ihr euer Brot als
  mit Rechnen verdien müßtet.
BEROWNE Wieviel macht es?
COSTARD O Mann, Sir, die Parts selber, die Akteurs, Sir, die
  führn vor, bis wieviel das klettert: was mein Part angeht,
  bin ich, sagen sie, nur mit eim Kerl dran ihn vorzumachn,
  warn armer Kerl, Pompelius der Große, Sir.
BEROWNE Du bist einer der Neun Guten Helden?
COSTARD Sie warn dafür, mich als gut zu finden für Pompelius

the great: for mine owne part I know not the degree of the
Worthy, but I am to stand for him.

Bero. Goe bid them prepare.

Clow. We wil turne it finely off sir, we wil take some care. *Exit.*

King. *Berowne,* they will shame vs: let them not approch.

Bero. We are shame proofe my Lord: & tis some policie
To haue one show worse then the Kings and his company.

King. I say they shall not come.

Quee. Nay my good Lord let me ore'rule you now.
That sport best pleases, that doth best know how:
Where zeale striues to content, and the contentes
Dies in the zeale of that which it presentes:
Their forme confounded, makes most forme in myrth,
When great thinges labouring perish in their byrth.

Bero. A right description of our sport my Lord.

Enter Bragart.

Brag. Annoynted, I implore so much expence of thy royal
sweete breath, as will vtter a brace of wordes.

Quee. Doth this man serue God?

Bero. Why aske you?

Quee. A speakes not like a man of God his making.

Brag. That is al one my faire sweete honie monarch,
For I protest, the Schoolemaister is exceeding fantasticall,
Too too vaine, too too vaine: but we will put it (as they say)
to *Fortuna delaguar,* I wish you the peace of mind most royall
cupplement.   *Exit.*

King. Heere is like to be a good presence of Worthies:
He presents *Hector* of *Troy,* the Swaine *Pompey* the great, the
parish Curate *Alexander, Armadoes* Page *Hercules,* the Pe-

den Großen: was mein Part angeht, weiß ich den Dreh
von dem guten Mann nich, aber ich stell mich hin als er.
BEROWNE Dann lauf und sag, es sei soweit.
COSTARD Wir kriegn das hin, Sir; wissn als Bescheid. *Ab.*
KÖNIG Berowne, sie blamieren uns; halte sie ab.
BEROWNE Wir sind blamiert, Mylord; es könnte nützen,
Des Königs Truppe durch den Flop zu stützen.
KÖNIG Sie sollen nicht auftreten, sage ich.
PRINZESSIN Erlaubt, ich widerrufe das Geheiß.
Am stärksten wirkt, was nichts von Wirkung weiß.
Wo Ehrgeiz angestrengt um Wirkung wirbt,
Geschiehts, daß Wirkung an dem Ehrgeiz stirbt;
Verletzte Form bereitet oft Vergnügen,
Wo lang erdachte Formen rasch ermüden.
BEROWNE Eine treffende Beschreibung unserer Wirkung, Sir.
Armado.
ARMADO Gesalbter, inständig erflehe ich soviel Verausgabung
Eurer köstlich königlichen Atemluft, als ich zur Hervor-
bringung einer Wortfolge benötige.
Spricht leise mit dem König und überreicht einen Zettel.
PRINZESSIN Fürchtet dieser Mensch Gott?
BEROWNE Aus welchem Grund fragt Ihr das?
PRINZESSIN Er spricht nicht wie Gottes Ebenbild.
ARMADO Das wäre dieses, mein guter, mein schöner, mein
entzückender Monarch; denn der Schulmeister gebärdet
sich über alle Maßen als Phantasmagister: zu eitel, zu eitel,
zu eitel, zu eitel. Doch übergeben wir das Ganze, wie der
Dichter sagt, an fortuna de la guerra. Ich wünsche Euch
Geistesfrieden, hochkönigliches Doppelbild. *Ab.*
KÖNIG Es bahnt sich eine große Heldenparade an. Er kommt
als Hektor von Troja; als Pompejus der Große der Schäfer;
als Alexander der Herr Pfarrer; Armados Page als Herkules;

dant *Iudas Machabeus:* And if these foure Worthies in their
first shew thriue, these foure will change habites, and present
the other fiue.

Bero. There is fiue in the first shew.

King. You are deceiued, tis not so.

Bero. The Pedant, the Bragart, the Hedge-Priest, the
Foole, and the Boy,
Abate throw at Nouum, and the whole world againe,
Cannot picke out fiue such, take each one in his vaine.

Kin. The Ship is vnder sayle, and heere she coms amaine.

Enter Pompey.

Clowne. I Pompey *am.*

Bero. You lie, you are not he.

Clow. I Pompey *am,*

Boyet. With Libbards head on knee.   (thee.

Ber. Well said old mocker, I must needes be friendes with

Clow. I Pompey *am,* Pompey *surnamde the bigge.*

Duma. The great.

Clow. It is great sir, Pompey *surnamd the great.*
  That oft in fielde with Targ and Shield did make my foe to sweat,

  And trauailing along this coast I heere am come by chaunce,
  And lay my Armes before the Leggs of this sweete Lasse of France.

  If your Ladishyp would say thankes Pompey, *I had done.*

Lady. Great thankes great *Pompey.*

Clo. Tis not so much worth: but I hope I was perfect. I
made a litle fault in great.

Bero. My hat to a halfe-pennie, *Pompey* prooues the best
Worthie.

als Judas Maccabäus der Herr Schulmeister.
Und machten die vier Helden der ersten Show ihr Glück,
So kehren sie neu kostümiert als die letzten fünf zurück.
BEROWNE Es sind schon fünf in der ersten Show.
KÖNIG Ihr täuscht Euch, Sir, es ist nicht so.
BEROWNE Der Maulheld, der Schäfer, der Pfaffe, der Schul-
meister und der Page:
Das Spiel heißt Fünf schlägt Neun, in dem auf Erden
Fünf solche Narren zu neun Helden werden.
KÖNIG Ihr Schiff naht, den Geschmack uns zu gefährden.

Costard, als Pompejus.

COSTARD ›Held Pompejus ich bin –
BEROWNE   Ein Held auch, wers glaubt.
COSTARD ›Held Pompejus‹ –
BOYET   – trägt hinten ein Löwenhaupt.
BEROWNE Gut, alter Spötter: auf daß uns Freundschaft über-
laubt.
COSTARD ›Held Pompejus ich bin, und der Lange ich heiß‹ –
DUMAIN Der Große.
COSTARD ›Der Große‹, Sir. ›Pompejus, der Große ich heiß;
Im Kriegsgefild, mit Schwert und Schild, bring ich den
Feind in Schweiß:
Und, reisend längs der Küste hier nutz ich meine Chance,
Und leg mein Schwert ihr vor den Fuß, der süßen Braut
aus France.‹
Wenn Euer Hochgeborn jetzt sprechen tät ›Danke, Pom-
pejus‹, wär ich soweit durch.
PRINZESSIN Großen Dank, großer Pompejus.
COSTARD So gut wars als auch wieder nich; aber ich hoff,
ich war perfekt. Nur bei ›groß‹ hatte ich 'n kleinen Dings.
BEROWNE Meinen Hut gegen einen Groschen, Pompejus
wird der Held der Helden.

Enter Curate for Alexander.

Curat. When in the world I liud, I was the worldes commander:
　By East, West, North, and South, I spred my conquering might:
　My Scutchion plaine declares that I am *Alisander.*　　(right.
Boyet. Your Nose saies no, you are not: for it stands too
Be. Your nose smels no in his most tender smelling knight.

Qu. The conqueror is dismaid: proceed good *Alexander.*
Cura. When in the worlde I liued, I was the worldes commander.

Boy. Most true, tis right: you were so *Alisander.*
Bero. *Pompey* the great.
Clow. Your seruant and *Costard.*
Bero. Take away the Conquerour, take away *Alisander.*
Clow. O sir, you haue ouerthrowne *Alisander* the Conque-
　rour: you will be scrapt out of the painted cloth for this.
　Your Lion that holdes his Polax sitting on a close stoole,
　will be geuen to *Aiax.* He wilbe the ninth Worthie: a Con-
　querour, and a feard to speake? Run away for shame *Ali-
　sander.* There ant shall please you a foolish mylde man, an
　honest man; looke you, and soone dasht. He is a marueylous
　good neighbour fayth, and a very good Bowler: but for
　Alisander, alas you see how tis a little oreparted, but there
　are Worthies a comming will speake their minde in some
　other sort.　　　　　　　　　　　　　　　　*Exit Curat.*
Quee. Stand aside good *Pompey.*

Enter Pedant for Iudas, and the Boy for Hercules.

Peda. Great Hercules *is presented by this Impe,*
　Whose Clubb kilde Cerberus *that three headed* Canus,
　And when he was a babe, a childe, a shrimpe,

Sir Nathaniel, als Alexander.

NATHANIEL ›Als ich die Erde trat, war ich ein großer Mann, der
Ost, West, Nord und Süd beherrschte mit starker Macht:
Mein Wappen sagt euch klar, daß ich bin Alisander –‹

BOYET Deine Nase sagt nein, zu weit rechts steht der Zinken.

BEROWNE Eure Nase riecht ›Nein‹, riecht den Feldherrn sie
stinken.

PRINZESSIN Der Beherrscher verwirrt sich. Nur zu, Alexander.

NATHANIEL ›Als ich die Erde trat, war ich ein großer Mann,
der –‹

BOYET Sehr wahr, du hast recht: das warst du, Alexander.

BEROWNE Großer Pompejus –

COSTARD Euer Diener, als Costard.

BEROWNE Schaff den Erdtreter weg, schaff den Alisander weg.

COSTARD *zu Nathaniel* O Sir! Du hast Alisander den Weltbe-
herrscher umgelegt. Dafür wern se dich von der Bildfläche
kratzen, Mann. Dein Löwen mit seim Kriegsbeil auf seim
Kackstuhl wern se dem Kack-Ajax gehm: der wird als der
neunte Held wern. Ein Beherrscher, und scheißt sich als an
beim Redn! Verkriech dich vor Scham, Alisander. *Nathaniel
ab.* So isses als, Herrschaften: ein weichherziger Mann, ein
anständiger Mann, sehn se, aber gleich hin. Prächtiger Mit-
mensch, bei Gott, prima Kartenbruder, aber bei Alisander –
au weia! Sie hams gesehn, wies is – bißchen überfordert. Da
komm aber Helden, die sind ganz anders zuwege.

Holofernes, als Judas. Moth, als Herkules.

HOLOFERNES ›Den gewaltigen Herkules seht in dem Kleinen,
Des Keule schlug Cerbrus, den dreiköpfgen canus;
Und wannen er Säugling war, kaum auf den Beinen,

Thus did he strangle Serpents in his Manus,

Quoniam, *he seemeth in minoritie,*

Ergo, *I come with this Appologie.*

    Keepe some state in thy exit, and vanish.   *Exit Boy.*

Peda. Iudas *I am.*

Dum. A Iudas.

*Pe*dan. Not Iscariot sir.

    Iudas I am, ecliped Machabeus.

Dum. Iudas Machabeus *clipt, is plaine* Iudas.

Bero. A kissing traytour, How art thou proud *Iudas?*

Peda. Iudas I am.

Duma. The more shame for you *Iudas.*

Peda. What meane you sir?

Boyet. To make *Iudas* hang him selfe.

Pedan. Begin sir, you are my elder.

Bero. Well folowed, *Iudas* was hanged on an Elder.

Pedan. I will not be put out of countenance.

Bero. Because thou hast no face.

Pedan. What is this?

Boyet. A Cytterne head.

Duma. The head of a Bodkin.

Bero. A deaths face in a Ring.

Long. The face of an olde Roman coyne, scarce seene.

Boyet. The pummel of *Cæsars* Fauchion.

Duma. The carud-bone face on a Flaske.

Bero. Saint *Georges* halfe cheeke in a Brooch.

Duma. I and in a Brooch of Lead.

Bero. I and worne in the cappe of a Tooth-drawer:

    And now forward, for we haue put thee in countenance.

Erwürgte er Schlangen, so, mit seiner manus.
Quoniam er minorenn erscheint hie,
Ergo verfaßte ich eine Apologie.‹
Jetzt trete mit Anstand ab und verschwinde. *Moth ab.*
›Ich bin Judas —‹
LONGAVILLE Ein Judas!
HOLOFERNES Ischariot nicht, Sir.
Ich bin Judas vom Namen Maccabäus.
LONGAVILLE Eben, nahmen sie vom Judas den Maccabäus,
blieb Judas.
DUMAIN Ein küssender Verräter. Gibst dus zu, Judas?
HOLOFERNES ›Ich bin Judas —‹
DUMAIN Um so schlimmer für dich, Judas.
HOLOFERNES Wie meinen, Sir?
LONGAVILLE Daß Judas sich aufhängen soll.
HOLOFERNES Nach Euch, holder Sir.
LONGAVILLE Holderbaum. Judas erhängte sich an einem Hol-
derbaum.
HOLOFERNES Ich verziehe keine Miene.
BEROWNE Weil dir der Kopf fehlt.
HOLOFERNES Was ist das?
BOYET Ein Gitarrenkopf.
DUMAIN Ein Nadelkopf.
BEROWNE Ein Ringtotenkopf.
LONGAVILLE Ein abgegriffener Münzkopf, römisch.
BOYET Der Bommel auf Caesars Schwert.
DUMAIN Ein Pfeifenkopf, ein geschnitzelter.
BEROWNE Sankt Georgs Halbprofil auf einer Brosche.
DUMAIN Ganz recht, auf einer Blechbrosche.
BEROWNE Ganz recht, auf einer Blechbrosche am Hut eines
Zahnziehers. Von wegen ziehen: Du hast eine Miene
verzogen.

Peda. You haue put me out of countenance.

Bero. False, we haue giuen thee faces.

Peda. But you haue outfaste them all.

Bero. And thou weart a Lyon, we would do so.

Boyet. Therefore as he is, an Asse, let him go:
  And so adue sweete *Iude.* Nay, Why dost thou stay?

Duma. For the latter ende of his name.

Bero. For the *Asse* to the *Iude*: giue it him.   *Judas* away.

Peden. This is not generous, not gentle, not humble.

Boyet. A light for Mounsier *Judas*, it growes darke, he
  may stumble.

Quee. Alas poore *Machabeus*, how hath he bin bayted.
                    Enter Braggart.

Ber. Hide thy head *Achilles*, here comes *Hector* in Armes.

Duma. Though my mockes come home by me, I will
  now be merrie.

King. *Hector* was but a *Troyan* in respect of this.

Boyet. But is this *Hector*?

King. I thinke *Hector* was not so cleane timberd.

Long. His Legge is too bigge for *Hectors*.

Duman. More Calfe certaine.

Boye. No, he is best indued in the small.

Bero. This cannot be *Hector*.

Duma. Hee's a God or a Painter: for he makes faces.

Braggart. *The Armipotent* Mars, *of Launces the almightie,*
  gaue Hector *a gift.*

Duma. A gift Nutmegg.

Bero. A Lemmon.

Long. Stucke with Cloues.

Dum. No clouen.

Brag. Peace. *The Armipotent* Mars, *of Launces the almighty,*

HOLOFERNES Ich habe meine Miene verzogen.

BEROWNE Weil wir dir Köpfe aufgesetzt haben.

HOLOFERNES Und mir auf den Kopf zu!

BEROWNE Und wärest du auch ein Löwe.

BOYET Da er ist, was er ist, ein asinus, lasset ihn ziehen.
  Und damit Adieu, lieber Jud. Worauf wartest du?

DUMAIN Auf seines Namens Eselshinterteil.

BEROWNE Auf das Aas zu dem Jud? Gebts ihm: Jud-asinus,
  husch!

HOLOFERNES Das ist nicht schön, nicht fein, nicht nett.

BOYET Ein Licht für Monsieur Judas, er findt sonst nit ins Bett.
  Holofernes ab.

PRINZESSIN Ach, armer Maccabäus! Wie hat man dich gehetzt.
  Armado, als Hektor.

BEROWNE Verbirg, Achilles, dich, denn Hektor naht in Waffen.

DUMAIN Ich weiß, mein Hohn fällt auf mich zurück,
  aber ich will meinen Spaß haben.

KÖNIG Gegen ihn hier war Hektor nichts als ein Trojaner.

BOYET Aber ist das Hektor?

KÖNIG Hektor war nicht so gut gebaut, nehme ich an.

LONGAVILLE Für Hektor hat er zu mächtige Waden.

DUMAIN Zuviel Futter für schmächtige Maden.

BOYET Nein. Noch dünner geht nicht.

BEROWNE Das kann Hektor nicht sein.

DUMAIN Er ist Gott oder Holzschnitzer: er schneidet Fratzen.

ARMADO ›Der waffenmächtige Mars, Allherrscher der Lanzen,
  Begabte den Hektor ─‹

DUMAIN Mit einer Muskatnuß.

BEROWNE Mit einer Pomeranze.

LONGAVILLE Mit Nelken gespickt.

BEROWNE Nein, gespalten.

ARMADO Schweiget still!

Gaue Hector *a gift, the heir of Illion,*
A man so breathed, that certaine he would fight; yea,
From morne till night out of his Pauilion.
I am that Flower.

Dum. That Mint.

Long. That Cullambine.

Brag. Sweete Lord *Longauill* raine thy tongue.

Long. I must rather giue it the raine: for it runnes against
Hector.

Dum. I and *Hector's* a Greyhound.

Brag. The sweete War-man is dead and rotten,
Sweete chucks beat not the bones of the buried:
When he breathed he was a man:
But I will forward with my deuice; sweete royaltie bestow
on me the sence of hearing.

Berowne steps foorth.

Quee. Speake braue *Hector,* we are much delighted.

Brag. *I do adore thy sweete Graces Slipper.*

Boyet. Loues her by the foote.

Dum. He may not by the yarde.

Brag. *This* Hector *far surmounted* Hanniball.
The partie is gone.

Clow. Fellow *Hector,* she is gone; she is two months on
her way.

Brag. What meanest thou?

Clow. Faith vnlesse you play the honest *Troyan,* the poore
wench is cast away: shee's quicke, the childe bragges in her
bellie already: tis yours.

Brag. Dost thou infamonize me among potentates:
Thou shalt die.

Clow. Then shall *Hector* be whipt for *Iaquenetta* that is

›Der waffenmächtige Mars, Allherrscher der Lanzen,
Begabte den Hektor, den Erben Ilions,
Einen Mann wie geschaffen, den Tag lang, den ganzen,
Zu fechten fern seines Pavilions.
Ich bin diese Blume —‹

DUMAIN   Die Distel.

LONGAVILLE   Die Nessel.

ARMADO Bester Lord Longaville, haltet Eure Zunge im Zaum.

LONGAVILLE Ja, wie denn, die Sporen muß ich ihr geben, sie
reitet gegen Hektor.

DUMAIN Genau, und Hektor ist ein Windhund.

ARMADO Der edle Krieger ist tot und verfault; ihr Lieben, tretet nicht die Gebeine des Verstorbenen, sein Lebtag war er
ein Mann. Aber voran mit meiner Verrichtung. Edle Hoheit, begabt mich mit Eurem Gehörsinn.

PRINZESSIN Sprecht, tapferer Hektor; wir finden Gefallen.

ARMADO Ich adoriere Eurer Gnaden Stiefelchen.

BOYET Er steht auf Schuhe.

DUMAIN Sonst steht bei ihm nichts auf.

ARMADO Und jener Hektor übertraf weitaus den Hannibal!
Die Schlacht ist verloren —

COSTARD Bruder Hektor, das is sie, sie is verlorn; sie is im
zweiten Monat.

ARMADO Wovon ist die Rede?

COSTARD Ehrlich, wenn du nich den treuen Treujaner machst,
is das arme Luder im Eimer: sie wird dick; das Kind bläst
sich schon in ihrm Bauch auf: 'sis deins.

ARMADO Verleumundet Ihr mich, im Angesicht des Potenta-
ten? Ihr sollt sterben.

COSTARD Dann kriegt Hektor die Rute wegn Jaquenetta, wo

quicke by him, and hangd for *Pompey* that is dead by him.

Duma. Most rare *Pompey.*

Boyet. Renowned *Pompey.*

Bero. Greater then great, great, great, great *Pompey*: *Pompey* the hudge.

Dum. *Hector* trembles.

Bero. *Pompey* is mooued more Ates more Atees stir them or stir them on.

Duma. *Hector* will challenge him.

Bero. I, if a'haue no more mans blood in his belly then wil suppe a Flea.

Brag. By the North Pole I do challenge thee.

Clow. I will not fight with a Pole like a Northren man; Ile slash, Ile do it by the Sword: I bepray you let me borrow my Armes againe.

Duma. Roome for the incensed Worthies.

Clow. Ile do it in my shyrt.

Duma. Most resolute Pompey.

Page. Maister, let me take you a button hole lower. Do you not see, *Pompey* is vncasing for the Combat: What meane you? you will loose your reputation.

Brag. Gentlemen and Souldiers, pardon me, I will not combat in my shyrt.   (lenge.

Duma. You may not deny it, *Pompey* hath made the chal-

Brag. Sweete bloodes, I both may and will.

Bero. What reason haue you fort.

Brag. The naked trueth of it is, I haue no Shirt. I goe Woolward for pennance.

Boy. True, and it was inioyned him in *Rome* for want of Linnen: since when, Ile be sworne he wore none, but a dish-

von ihm hops is, und wird gehängt wegn Pompejus, wo
von ihm tot is.

DUMAIN Unvergleichlicher Pompejus!

BOYET Glorreicher Pompejus!

BEROWNE Größer als großer, aller-, aller-, allergrößter Pompejus! Pompejus, der Riese!

DUMAIN Hektor bebt.

BEROWNE Pompejus ist erregt. Weiter, Ate, weiter! Hetz sie
aufeinander!

LONGAVILLE Hektor wird ihn fordern.

BEROWNE Richtig, und hätte er nicht mehr Blut in den
Adern als ein Floh zu Abend ißt.

ARMADO Beim Nordpol, ich fordere dich.

COSTARD Mitm Mordpol willch nich kämpfn, ich will schlit-
zen, ich will mitm Schwert. Ich beknie euch, laßt mich
meine Waffen wiederholn.

DUMAIN Platz für die entflammten Helden!

COSTARD Ich kämpf im Hemd.

BEROWNE Zu allem entschlossener Pompejus!

MOTH Chef, ich muß Sie leider ein Loch höher knöpfen. Sehen Sie nicht, wie Pompejus sich zum Kampf entkleidet?
Was denken Sie sich? Sie werden Ihre reputatio einbüßen.

ARMADO Gentlemen, Soldaten, pardonieret mich: ich kämpfe
nicht im Hemd.

DUMAIN Ihr dürft das nicht verweigern; Pompejus hat es
gefordert.

ARMADO Ihr Lieben, ich darf sowohl als ich werde auch.

BEROWNE Aus welchem Grund aber?

ARMADO Die nackte Wahrheit lautet, ich habe kein Hemd.
Ich trage mich in Wolle, der Buße wegen.

BOYET Richtig, das hat ihm Rom auferlegt, als zuhaus das
Linnen knapp war. Nunmehr, das schwöre ich euch, trägt

cloute of *Jaquenettaes*, and that a weares next his hart for a
Fauour.

Enter a Messenger Mounsier Marcade.

Marcad. God saue you Madame.

Quee. Welcome *Marcade*, but that thou intcrrupptest our
merriment.

Marcad. I am sorrie Madame for the newes I bring
is heauie in my tongue. The *King* your father

Quee. Dead for my life.

Marcad. Euen so: my tale is tolde.

Ber. Worthies away, the Scæne begins to cloude.

Brag. For mine owne part I breath free breath: I haue
seene the day of wrong through the litle hole of discretion,
and I will right my selfe like a Souldier.   *Exeunt Worthys*

King. How fares your Maiestie?

Quee. *Boyet* prepare, I will away to nyght.

King. Madame Not so, I do beseech you stay.

Quee. Prepare I say: I thanke you gracious Lords
For all your faire endeuours and intreat:
Out of a new sad-soule, that you vouchsafe,
In your rich wisedome to excuse, or hide,
The liberall opposition of our spirites,
If ouerboldly we haue borne our selues,
In the conuerse of breath (your gentlenes
Was guyltie of it.) Farewell worthy Lord:
A heauie hart beares not a humble tongue.

er einen von Jaquenettas Feudeln, und zwar auf dem Herzen, als Liebespfand.

Marcade.

MARCADE Gott schütze Euch, Madame.

PRINZESSIN Sei willkommen, Marcade,
Wenn du auch unsere Lustbarkeit hier störst.

MARCADE Ich bedaure, Madam. Meine Nachricht
Beschwert die Zunge mir. Der König, Euer Vater –

PRINZESSIN Ist tot, so wahr ich lebe!

MARCADE – Ganz so. Mehr hab ich nicht zu sagen. *Ab.*

BEROWNE Ihr Helden, geht ab! Die Szene bewölkt sich.

ARMADO Ich meinesteils atme freier. Ich habe den Tag des
Übels durch den schmalen Ritz der Vorsehung erschaut,
und werde mich rüsten, wie es einem Mann des Krieges
ziemt.   *Die Helden ab.*

6. Szene

Die Vorigen, ohne die Helden.

KÖNIG Wie befinden sich Eure Majestät?

PRINZESSIN Boyet, triff Anstalt. Abends reise ich.

KÖNIG Madame, das nicht: ich bitte Euch, zu bleiben.

PRINZESSIN Triff Anstalt, sag ich. Edle Lords, habt Dank
Für eure schöne Mühe; ich ersuche
Aus frisch betrübter Seele euch, vergebt
In eurer großen Weisheit unsern Freimut,
Wo ihr ihn nicht vergessen könnt. Wenn wir
Im Laufe dieses Widerspiels der Worte
Uns dreist benommen haben, schuldet dies
Sich eurer Freundlichkeit. Lebt wohl, Mylord!
Ein schweres Herz führt keine flinke Zunge.

Excuse me so comming too short of thankes,
For my great sute, so easely obtainde.
King. The extreame partes of time extreamly formes,
All causes to the purpose of his speede:
And often at his very loose decides
That, which long processe could not arbitrate.
And though the mourning brow of progenie
Forbid the smyling courtecie of Loue,
The holy suite which faine it would conuince,
Yet since Loues argument was first on foote,
Let not the cloude of Sorrow iustle it
From what it purposd, since to wayle friendes lost,
Is not by much so holdsome profitable,
As to reioyce at friendes but newly found.
Quee. I vnderstand you not, my griefes are double.
Bero. Honest plaine words, best pearce the eare of griefe,
And by these badges vnderstand the King,
For your faire sakes, haue we neglected time.
Plaide fouleplay with our othes: your beautie Ladies
Hath much deformed vs, fashioning our humours
Euen to the opposed ende of our ententes.
And what in vs hath seemed rediculous:
As Loue is full of vnbefitting straines,
All wanton as a childe, skipping and vaine.
Formd by the eye, and therefore like the eye.
Full of straying shapes, of habites and of formes:
Varying in subiectes as the eye doth roule,
To euery varied obiect in his glaunce:
Which partie coted presence of loose loue
Put on by vs, if in your heauenly eyes,
Haue misbecombd our othes and grauities.
Those heauenly eyes that looke into these faultes,

Verzeiht, wenn ich so wenig dankbar bin,
Da mein Gesuch so leicht bewilligt ward.
KÖNIG Das Zwangsgesetz der Zeit zwingt jedes Ding,
Zu seinem Zweck sich ihrem Gang zu beugen,
Und oft, in schnellem Lauf, entscheidet sie,
Was langes Wägen nicht ermitteln konnte.
Die Trauer einer hinterbliebnen Tochter
Gewährt der heitren Liebe keinen Zutritt,
Die lächelnd ihren Antrag stellen möchte;
Doch da die Liebe vor ihr unterwegs war,
Laßt nicht die Kummerwolke sie vertreiben
Von ihrem Pfad. Auch ist, verlorne Freunde
Zu beklagen, lang nicht so bekömmlich,
Wie neu gefundner Freunde sich zu freun.
PRINZESSIN Ich kann Euch nicht verstehn: zwiefaches Leid.
BEROWNE Ein ehrlich Wort durchdringt das Ohr des Kum-
Und was der König sagen will, ist dies.   [mers;
Um euretwillen warn wir Zeitverschwender,
Fälscher unsrer Eide. Eure Schönheit,
Ladies, verbog uns sehr, schnitt unser Tun
Aufs Gegenteil von unserm Wollen zu;
Und was an uns so würdelos erschien,
Geschah uns unverhofft, als wir erst liebten.
Mutwillig spielt die Liebe, wie ein Kind,
Empfangen durch das Auge, gleich dem Auge
Voll vager Bilder, Vorstellungen, Formen,
Im Innern wechselnd, wie das Auge außen
Den Wechseldingen mit den Blicken nachrollt:
Dies buntgescheckte Dasein der Verliebten
Kam über uns, und wenn, in euren Augen,
Der Ernst uns, wie der Schwur, darunter litten,
Sind es die Augen, sehend unsre Fehler,

Suggested vs to make, therefore Ladies
Our loue being yours, the errour that Loue makes
Is likewise yours: we to our selues proue false,
By being once falce, for euer to be true
To those that make vs both faire Ladies you.
And euen that falshood in it selfe a sinne,
Thus purifies it selfe and turns to grace.

Quee. We haue receiud your Letters, full of Loue:
Your Fauours, embassadours of Loue.
And in our mayden counsaile rated them,
At courtshyp pleasant iest and courtecie,
As bombast and as lyning to the time:
But more deuout then this our respectes,
Haue we not been, and therefore met your Loues,
In their owne fashyon like a merriment.
Dum. Our letters madame, shewed much more then iest.
Long. So did our lookes.
Rosa. We did not cote them so.
King. Now at the latest minute of the houre,
Graunt vs your loues.
Quee. A time me thinkes too short,
To make a world-without-end bargaine in:
No no my Lord, your Grace is periurde much,
Full of deare guiltines, and therefore this,
If for my Loue (as there is no such cause)
You will do ought, this shall you do for me:
Your oth I will not trust, but goe with speede
To some forlorne and naked Hermytage,
Remote from all the pleasurs of the world:
There stay vntill the twelue Celestiall Signes
Haue brought about the annuall reckoning.

Die sie uns machen ließen. Darum, Ladies,
Da unsre Liebe euch gehört, gehört euch
Der Irrtum, der der Liebe eignet, auch:
Wir wurden selbst uns untreu, um nach diesem
Einen Treubruch ewig treu zu bleiben:
Denen, die dies beides an uns wirkten –
Ladies, euch. Treulosigkeit ist Sünde;
Doch reinigt sie sich so und wird zur Gnade.
PRINZESSIN Wir empfingen eure Liebesbriefe;
Eure Pfänder, Botschafter der Liebe;
Wir stuften sie in unserm Mädchenrat
Als höfisch ein, als höflich, als galant,
Als bunten Zierrat, wie die Zeit ihn liebt.
Andächtiger sind wir mit den Dingen
Nicht umgegangen, folglich eurer Liebe
So begegnet, wie sie uns, als Spaß.
DUMAIN Wie ernst es uns war, sprach aus unsern Briefen.
LONGAVILLE Und unsern Blicken.
ROSALINE   Wir verstandens anders.
KÖNIG Nun, in dem letzten Augenblick, gewährt uns
Euer Herz.
PRINZESSIN Zu kurz scheint mir die Zeit,
Die einem lebenslangen Handel bleibt.
Nein, nein, Mylord, eidbrüchig steht Ihr da,
Voll lieb gewordner Schuld; und darum dies:
Wollt Ihr aus Liebe zu mir, also grundlos,
Etwas tun, dann tut Ihr dies für mich:
Eurem Eid mißtraue ich; doch eilt
An einen abgelegnen, wüsten Ort,
Entfernt von den Genüssen dieser Welt;
Verweilt dort, bis des Himmels Tierkreiszeichen
Den Umlauf eines Jahres abgeschlossen.

If this Austere insociable life,
Change not your offer made in heate of blood.
If frostes and fastes, hard lodging, and thin weedes,
Nip not the gaudie blossomes of your Loue:
But that it beare this tryall, and last Loue,
Then at the expiration of the yeere,
Come challenge me, challenge me by these desertes:
And by this Virgin palme now kissing thine,
I wilbe thine: and till that instance shutt
My wofull selfe vp in a mourning house,
Rayning the teares of lamentation,
For the remembraunce of my Fathers death.
If this thou do deny, let our handes part,
Neither intiled in the others hart.

King. If this, or more then this, I would denie,
To flatter vp these powers of mine with rest,
The sodaine hand of death close vp mine eye.
Hence herrite then my hart, is in thy brest.

Berow. And what to me my Loue? and what to me?

Rosal. You must be purged to, your sinnes are rackt.
You are attaint with faultes and periurie:
Therefore if you my fauour meane to get,
A tweluemonth shall you spende and neuer rest,
But seeke the weery beddes of people sicke.

Duma. But what to me my Loue? but what to me?

Kath. A wife? a beard, faire health, and honestie,
With three folde loue I wish you all these three.

Duma. O shall I say, I thanke you gentle Wife?

Kath. Not so my Lord, a tweluemonth and a day,
Ile marke no wordes that smothfast wooers say,
Come when the King doth to my Lady come:

Falls dieses strenge, ungesellge Leben
Den heiß getanen Antrag nicht erschüttert,
Wenn Fasten, Frost, hart Lager, dünnes Kleid,
Die Blüten Eurer Liebe nicht benagen,
Sie vielmehr standhält und mir Liebe bleibt,
Dann kommt, dann fordert mit Verdiensten mich,
Und bei der jungfräulichen Hand, die jetzt
Die Eure hält, ich werde dein. Doch bis dahin
Verschließ ich trostlos hinter Mauern mich,
Und regne Tränen meiner Weheklage
In dem Gedenken an des Vaters Tod.
Verdrießt Euch das, laßt sich die Hände trennen;
Kein Herz soll je das andre seines nennen.

KÖNIG Sollte mich das, und mehr als das, verdrießen,
   Weil ich mich neu gewöhnen will zur Lust,
   Mag mir des Todes Hand die Augen schließen!
   Ein Eremit − sein Herz in Eurer Brust.
[BEROWNE Und was harrt mein, Geliebte, was harrt meiner?
ROSALINE Auch Ihr braucht Läuterung, Euch sind die Sinne
   Durch Falschspiel und durch Meineid ganz verkommen:
   Drum sollt Ihr, wollt Ihr meine Gunst erringen
   Zwölf Monate am Bett schwerkranker Menschen
   Verbringen und des Lebens Schluß erleichtern.]
DUMAIN Was wird aus mir? Was steht für mich bereit?
   Ein Weib?
KATHERINE   Ein Bart, Gesundheit, Sittsamkeit;
   Dreifaltig lieb wünscht Liebe Euch die Zeit.
DUMAIN O! Darf ich sagen, danke, liebe Frau?
KATHERINE Noch nicht, Mylord; ein Jahr und einen Tag
   Hör ich nicht, was ein Mann mir sagen mag;
   Kommt dein König zu Mylady, komm auch du:

Then if I haue much loue, Ile giue you some.

Duma. Ile serue thee true and faythfully till then.

Kath. Yet sweare not, least ye be forsworne agen.

Longauill. What saies *Maria*?

Mari. At the tweluemonths ende,
    Ile change my blacke Gowne for a faithfull frend.

Long. Ile stay with patience, but the time is long.

Mari. The liker you, few taller are so young.

Berow. Studdies my Ladie? Mistres looke on me,
    Beholde the window of my hart, mine eye:
    What humble suite attendes thy answere there,
    Impose some seruice on me for thy Loue.

Rosa. Oft haue I heard of you my Lord *Berowne*,
    Before I saw you: and the worldes large tongue
    Proclaymes you for a man repleat with mockes,
    Full of comparisons and wounding floutes:
    Which you on all estetes will execute,
    That lie within the mercie of your wit,
    To weede this wormewood from your fructfull braine,
    And therewithall to winne me, yf you please,
    Without the which I am not to be won:
    You shall this tweluemonth terme from day to day,
    Visite the speachlesse sicke, and still conuerse,
    With groning wretches: and your taske shall be,
    With all the fierce endeuour of your wit,
    To enforce the pained impotent to smile.

Berow. To moue wilde laughter in the throate of death?
    It cannot be, it is impossible.
    Mirth cannot moue a soule in agonie.

Blieb mir viel Liebe, steht dir davon zu.

DUMAIN Bis dahin sei mein Leben Euch geweiht.

KATHERINE Kein Schwur! Du brichst mir keinen neuen Eid.

LONGAVILLE Was sagt Maria?

MARIA   Für ein volles Jahr
   Geht sie in schwarz, bis jemand treu ihr war.

LONGAVILLE Ich bin geduldig. Doch die Zeit ist lang.

MARIA Wie Ihr; so jung macht Eure Größe bang.

BEROWNE Besinnt sich meine Lady? Seht mich an.
   Blickt in das Fenster meiner Brust, mein Auge,
   Und seht die Demut, die der Antwort harrt;
   Erlegt auch Ihr mir eine Prüfung auf.

ROSALINE Viel hörte ich von Euch, Mylord Berowne,
   Eh ich Euch sah, und das Gerücht will wissen
   Daß Ihr ein Mann mit scharfer Zunge seid,
   Zum Platzen voll mit Spott und argem Hohn,
   Mit dem Ihr den verfolgt, der Eurem Scharfsinn
   Auf Gnad und Ungnad ausgeliefert ist:
   Um diesen Wermut aus dem produktiven
   Schädel Euch zu jäten, und zugleich
   Falls Ihr es wünscht, Gelegenheit zu geben,
   Mich doch noch zu erobern, und nur so
   Erobert Ihr mich, sollt Ihr die zwölf Monde
   Tag für Tag nicht mehr tun, als vor Qual
   Verstummte Kranke zu besuchen, ein Gespräch
   Mit röchelnd armen Teufeln anzuknüpfen;
   Und Euer Ziel soll sein, mit all der Spannkraft,
   Die Eurem Geist in diesen Dingen eignet,
   Den Elenden ein Lächeln abzuringen.

BEROWNE Gelächter stiften in des Todes Rachen?
   Das gibt es nicht; das ist nicht menschenmöglich:
   Die Seele scherzt nicht, die den Leib verläßt.

Rosal. Why thats the way to choake a gibing spirrit,
    Whose influence is begot of that loose grace,
    Which shallow laughing hearers giue to fooles,
    A iestes prosperitie lies in the eare,
    Of him that heares it, neuer in the tongue
    Of him that makes it: then if sickly eares
    Deaft with the clamours of their owne deare grones,
    Will heare your idle scornes; continue then,
    And I will haue you, and that fault withall.
    But if they will not, throw away that spirrit,
    And I shall finde you emptie of that fault,
    Right ioyfull of your reformation.
Berow. A tweluemonth? well; befall what will befall,
    Ile iest a tweluemonth in an Hospitall.
Queen. I sweete my Lord, and so I take my leaue.

King. No Madame, we will bring you on your way.
Berow. Our wooing doth not ende like an olde Play:
    Iacke hath not Gill: these Ladies courtesie
    Might well haue made our sport a Comedie.
King. Come sir, it wants a tweluemonth an'aday,
    And then twill ende.
Berow. That's too long for a Play.
                 Enter Braggart.
Brag. Sweete Maiestie vouchsafe me.
Queen. Was not that *Hector*?
Duma. The worthie Knight of *Troy*.
Brag. I will kisse thy royall finger, and take leaue.
    I am a Votarie; I haue vowde to *Iaquenetta*
    To holde the Plough for her sweete loue three yeere.
    But most esteemed greatnes, will you heare the Dialogue
    that the two Learned men haue compiled, in prayse of the

ROSALINE Das ist der Weg, den Unernst zu verbannen,
Der immerfort sich von dem Ansporn nährt,
Den hohles Lachen einem Dummkopf gibt.
Den Wert des heitren Worts bestimmt das Ohr
Das es vernimmt, niemals die Zunge dessen,
Der es ausspricht: wenn das Ohr des Kranken,
Betäubt vom Lärm der eignen schweren Seufzer,
Euren Scherzen lauscht, macht nur so weiter,
Und ich muß Euch samt Eurem Makel nehmen;
Wenn aber nicht, legt diesen Ungeist ab,
Und makellos will ich euch finden, froh
Ob Eurer zweiten, glücklichen Geburt.
BEROWNE Zwölf Monde! Geh das, wie es wolle, aus,
Zwölf Monde juxe ich im Siechenhaus.
PRINZESSIN Mein Herr, ich muß nun Abschied von Euch
nehmen.
KÖNIG Nein, Madam, wir geleiten euch ein Stück.
BEROWNE Der Werbung fehlt ein Schuß Komödienglück:
Hans kriegt nicht Grete, insofern die Damen
Die Sache leider nicht als Lustspiel nahmen.
KÖNIG Kommt, Sir, in Jahr und Tag sind wir soweit,
Und sehn den Schluß.
BEROWNE   Das ist als Stück zu breit.

Armado.

ARMADO Holde Majestät, vergönnt mir –
PRINZESSIN War das nicht Hektor?
DUMAIN Der gute treujanische Held.
ARMADO Ich küsse Euren königlichen Finger, und nehme
meinen Abschied; ich habe Jaquenetta zugeschworen, drei
Jahre lang um ihrer Liebe willen den Pflug zu führen.
Doch seid Ihr gewillt, hochbedeutende Hoheit, den
Wechselgesang anzuhören, welchen die beiden gelehrten

Owle and the Cuckow? it should haue followed in the
ende of our shew.

King. Call them foorth quickly, we will do so.
Brag. Holla. Approch.
Enter all.

Brag. This side is *Hiems*, Winter.
This *Ver*, the Spring: The one maynteined by the Owle,
th'other by the Cuckow.
B. *Ver* begin.
The Song.

When Dasies pied, and Violets blew,
And Cuckow-budds of yellow hew:
And Ladi-smockes all siluer white,
Do paint the Meadowes with delight:
The Cuckow then on euerie tree,
Mocks married men; for thus singes hee,
Cuckow.
Cuckow, Cuckow: O word of feare,
Vnpleasing to a married eare.
When Shepheards pipe on Oten Strawes,
And merrie Larkes are Ploughmens Clocks:
When Turtles tread and Rookes and Dawes,
And Maidens bleach their summer smockes:
The Cuckow then on euerie tree,
Mockes married men, for thus singes he,
Cuckow.
Cuckow, cuckow: O word of feare,
Vnpleasing to a married eare.

Herren zum Lobe des Kauzes und des Kuckucks zusammengestellt haben? Er sollte den Abschluß unserer show bilden.

KÖNIG So rufe sie rasch hierher. Wir sind gewillt.

ARMADO Herbei, nahet euch!

Holofernes, als der Frühling. Costard, als Kuckuck.
Sir Nathaniel, als der Winter. Moth, als Kauz.

Diese Seite bildet Hiems, den Winter, jene Ver, den Frühling: die eine Jahreszeit wird durch den Kauz vertreten, die andere durch den Kuckuck. Ver, beginne.

Lied

Der Frühling
Wenn die Primeln und die Wicken
Und die Kuckucksblumen blühn,
Wenn die Veilchen uns entzücken,
Gelbweißbunt im Wiesengrün,
Von jedem Baum verspottet dann
Der Kuckuck einen Ehemann:
Kuckuck,
Kuckuck! O Schreckenslaut,
Der Gatte hört es und ihm graut.
Wenn die Hirtenflöte pfeift,
Die Lerche früh den Pflüger weckt,
Wenn Taube, Krähe, Dohle schweift,
Ein Mädchen sich den Rock aufsteckt,
Von jedem Baum verspottet dann
Der Kuckuck einen Ehemann:
Kuckuck,
Kuckuck! O Schreckenslaut,
Der Gatte hört es und ihm graut.

Winter.

When Isacles hang by the wall,
And Dicke the Sheepheard blowes his naile:
And Thom beares Logges into the hall,
And Milke coms frozen home in paile:
When Blood is nipt, and wayes be full,
Then nightly singes the staring Owle
   Tu-whit to-who.
   A merrie note,
While greasie Ione doth keele the pot.
When all aloude the winde doth blow,
And coffing drownes the Parsons saw;
And Birdes sit brooding in the Snow,
And Marrians nose lookes red and raw:
When roasted Crabbs hisse in the bowle,
Then nightly singes the staring Owle,
Tu-whit to-who.
   A merrie note,
   While greasie Ione doth keele the pot.

The wordes of Mercurie, are harsh after the
songes of Apollo.

FINIS

Der Winter

Wenn an dem Dach der Eiszapf blinkt,
Und Frost des Schäfers Nägel beißt,
Und Tom Holz in die Halle bringt,
Und Milch in Kannen kommt vereist,
Wenns Blut stockt, und kein Fuhrmann fährt,
Dann nächtlich ihr den Kauz schrein hört:
Tu-wit,
Tu-hu! Ein lustig Lied,
Derweil die Grete Rotwein glüht.

Wenn der Wind laut heult im Dustern,
Und Husten sticht den Pastor tot,
Und Vögel in dem Schnee sich plustern,
Und Marians Nas ist rauh und rot,
Wenn Äpfeldunst vom Ofen fährt,
Dann nächtlich ihr den Kauz schrein hört:
Tu-wit,
Tu-hu! Ein lustig Lied,
Derweil die Grete Rotwein glüht.

ARMADO Die Sprüche Merkurs klingen rauh nach den Ge-
sängen Apollos. Ihr dahin, wir hierhin.
Alle ab.

Dramatis Personæ

KÖNIG FERDINAND VON NAVARRA
BEROWNE)
LONGAVILLE) Lords aus dem Gefolge des Königs
DUMAIN)
BOYET) Lords aus dem Gefolge der Prinzessin
MARCADE) von Frankreich
DON ADRIANO DE ARMADO, ein phantastischer Spanier
SIR NATHANIEL, ein Dorfpfarrer
HOLOFERNES, ein Schulmeister
DULL, ein Konstabler
COSTARD, ein Schäfer
MOTH, Page des Don Armado
EIN FÖRSTER
DIE PRINZESSIN VON FRANKREICH
MARIA)
KATHERINE) Ladies aus dem Gefolge der Prinzessin
ROSALINE)
JAQUENETTA, ein Mädchen vom Lande

Die Szene ist im Park des Königs von Navarra.

Anmerkungen

Titel   *Loues Labour's lost* – wie F, Q *Loues labors lost* im Titel, *Loues labor's lost* als Seitentitel, Meres nennt das Stück *Loue labors lost*. *Loues* (Genitiv) wird erst in F3 apostrophiert. In John Florios *First Fruits* (1578) heißt es: »al books are ful of loue... that it were labour lost to speak of Loue« (AE 111). Nashe spielt 1596 mit »Labore dolore« auf den Titel an (Detobel IV, 112)

I, i, 1   *Berowne* – Q Berovvne, das »vv« wurde hier wie an anderen Stellen durch »w« ersetzt

I, i, 4   *lyues* – F hat häufig neuere Schreibweisen, die etwa *y* durch *i* ersetzen, z. B. hier *liues*, diese Ausgabe folgt jedoch Q (s. Nachwort).

I, i, 8   *Thendeuour* – F *Th'endeuour*

I, i, 9   *sythes* – scythe's

I, i, 13   *hudge* – F *huge*

I, i, 17   *Nauar shall be the wonder of the worlde*

zum historischen französischen Hintergrund vgl. die ausführlichen Darlegungen von Cole und Jolly

I, i, 19   *lyuing art* – wörtlich auch auf S.s Grabspruch (Chiljan 177)

I, i, 20   *Schollers* – scholars

I, i, 21   *sedule* – F *scedule*, schedule; juristischer Terminus

I, i, 22   *othes* – F *oathes*

I, i, 26   *to* – too

I, i, 27   *three* – DF *thee* aus Q gemäß F korr.

I, i, 34   *pome ... pine* – *pompe* F, pine

I, i, 51   *Not to see Ladyes, study, fast, not sleepe.*

»For any member of the English audience watching this play and familiar with Henri of Navarre's reputation, the oath to stay away from women would have been a huge joke, for he was well known as a womaniser, or as Bullough puts it, the King was notorious for his love affairs.« (Jolly)

I, i, 60   *bard ... cammon* – barred, *common* F

I, i, 65   *fast* – Var. feast (Theobald)

I, i, 77   *poare* – pore

I, i, 97   *hees* – *hee's* F

I, i, 100   *greene geese* – Gänse, die im Frühling Gras essen (AE 118)

I, i, 109   *abhortiue* – *abortiue* F

I, i, 114   *ore* – over

I, i, 123   *rescewes – rescues* F

I, i, 133   *Item* – da Berowne den Text vorliest, werden ihm diese Verse seit Theobald zugeschrieben, incl. dem vorherigen

I, i, 134   *publique* – DF *publibue* gem. F korr.

I, i, 137   *Embassaie – Embassie* F

I, i, 139   *complet – compleate* F

I, i, 141   *bedred – bed-rid* F

I, i, 164f.   *graunted ... haunted – granted ... hanted* F, ebenso um des Reimes willen

I, i, 169   *On – One,* F

I, i, 171   *complements* – compliments

I, i, 172   *vmpier ... mutenie – vmpire ... mutinie* F

I, i, 181   *fier new – fire, new* F, AE liest fire-new (124)

I, i, 185   *the Dukes owne person*
die AE behauptet, die Ansprache als Herzog »suggest they are Shake-speare's and not the characters'« (124), stellt aber klar, daß die Anrede nicht unpassend war: »*duke* ... could be used to refer to any sovereign ruler«. Warum wird sie dann S. angelastet und nicht als Charakteristik des Wortverdrehers Dull angesehen?

I, i, 187   *reprehend* – Mischwort aus represent und apprehend (AE 124)

I, i, 188   *Farborough* – F *Tharborough*, aus thirdborough (AE 124)

I, i, 193   *Contempts* – DF *Contempls* in Q gemäß F korrigiert; Wortspiel mit contents

I, i, 200   *clime* – climb

I, i, 205   *In manner and forme folowing* – juristischer Terminus

I, i, 206   *Manner – Mannor* F, manor

I, i, 207   *Forme* – bench (AE 126)

I, i, 216   *sinplicitie – simplicitie* F, das Wortspiel geht verloren

I, i, 217   welkis – *Welkins* F

I, i, 227   *besedged – besieged* F

I, i, 228   *holsome – wholesome* F

I, i, 233   *ycliped* – ycleped, nur in LLL verwendeter Archaismus (AE 127), vgl. V, ii, 636 *ecliped* (F *ycliped*)

I, i, 234f.   *obseene – obscene* F

I, i, 235   *propostrous – preposterous* F, in beiden Fällen Einebnung möglicher Wortspiele

I, i, 239   *Minow* – minnow, kleiner Fisch

I, i, 251   *ant – an't* F, if it

I, i, 260   *worst* – DF *wost* Q, korr. in F

I, i, 267   *Demsel* – *Damosell* F
»Damsel‹ of course derives from ›demoiselle‹, French for an unmarried woman, and is only otherwise used by Shakespeare to refer to Joan of Arc, another Frenchwoman.« (Jolly)

I, i, 270   *Fer.* – DF *Ber.* Q, korr. in F

I, i, 284   *Surra* – *Sirra* F

I, i, 287   *prosperie, affliccio* – *prosperitie, affliction* F

I, ii, 1   *Enter Armado and Moth his page.*
zwar ist die Ersetzung von Moth (Motte) durch Mote (Staubkorn) »typically remote from any reality« (Sams 77, vgl. die Diskussion dazu AE 342ff.), jedoch enthält »John Lylys *Endimion...*, auf dessen Verwandschaft mit *Liebes Leid und Lust* wegen der großen Ähnlichkeit der Nebenhandlung immer wieder hingewiesen worden ist ... einen Bruder des Pagen Moth: Epi(ton) und einen Bruder des Don Armado: Sir Thopas.« (Detobel IV, 100) Beide Komödienpaare weisen eindeutige Parallelen zu Gabriel Harvey und Thomas Nashe auf (Detobel passim). Epi[the]ton paßt wiederum als Wortspiel zu Moth als mot (Wort). Vgl. auch Z. 13f.

I, ii, 2   *What signe is it ...* – vgl. Ovid, *ars amatoria* 1.737-8 (AE 131)

I, ii, 7f.   my tender *Iuuenall* – »the sharp-penned satirist Nashe was particulary associated with Juvenal« (AE 132)

I, ii, 13f.   *apethaton* – *apathaton* F, epitheton F2
vgl. die Parallele zu *The Arte of English Poesie* (1589): »Your Epitheton or qualifier... must be apt and proper for the thing he is added to« (Malim 130, dort zahlreiche weitere Beispiele)

I, ii, 26   *Eele* – vgl. die Figur des Nimble in *Thomas of Woodstock*, der sich als »nimble as an eele« vorstellt

I, ii, 32   *crost* – crossed, durchkreuzt

I, ii, 39   *Gamster* – *gamester* F

I, ii, 43   *deus-ace* – im Würfelspiel hazard verliert man mit diesem Wurf (2 und 1) das Spiel (AE 134)

I, ii, 50   *the dauncing Horse will tell you* – tell = mit den Hufen zählen, ein Pferd, das tanzen und zählen konnte, war 1591 notorisch (AE 134)

I, ii, 52   *Cypher* – Null

I, ii, 58   *cursie* – *curtsie* F

I, ii, 72   *complexion* – Aussehen, aber auch Charakter, gemischt aus den vier klassischen Temperamenten

I, ii, 76   *sea-water Greene* – assoziiert green-sickness (AE 136)

I, ii, 91   *blush-in* – blushing F2

I, ii, 98   *Ballet* – ballad

I, ii, 105   *hinde* – generell hinter-, hier also wohl »rustic« (AE 137)

I, ii, 108   *maruaile* – *maruell* F

I, ii, 115f.   *Day womand* – *Day-woman* F, dey-woman

I, ii, 129   *Clo.* – seit Theobald Dull zugesprochen (wohl DF)

I, ii, 140   *fast and loose* – ein (betrügerisches) Trickspiel

I, ii, 155   *Butshaft* – butt-shaft

I, ii, 158f.   *the Passado he respects not, the Duella he regards not*
»Es wäre schon seltsam, daß William aus Stratford berufen gewesen wäre, die italienischen Wörter *duello* und *stoccata*, die spanischen Wörter *stoccado* und *passado* in die englische Sprache einzuführen. Vgl. auch die ähnliche Anspielung auf die *causes* des adeligen Ehrenkodex in AYLI V, iv, 96, wo Touchstone wortreich (und ein wenig arrogant) darlegt, daß ›wir‹ (wobei er sich als *jester* offensichtlich zum Adel rechnet) wie gedruckt streiten, nach dem Buch, und dabei sieben (sehr seltsame) *causes* erwähnt, was auf ein Buch wie Segars *The Book of Honour and Arms* verweist, das den bezeichnenden Untertitel hat: *Wherein is Discoursed the Causes of Quarrels and the Nature of Injuries* (1590).« (G. Wagner)

II, i, 4   *Consider* – DF *Cosider* aus Q in F korr.

II, i, 23   *You are not ignorant...* – diese Zeile enthält in F eine weitere Zuweisung zu *Prin.*, die ein Indiz für eine Redaktion sein könnte (AE 143), wenn F ein anderer/besserer Text als Q vorgelegen hätte

II, i, 34   *Importuous* – *Importunes* F

II, i, 36   *visage* – *visag'd* F, *suters* = suiters

II, i, 43   *1. Lady* – Var. Maria (Rowe). S. auch II, i, 59 und 67. Beginn zahlreicher Ungenauigkeiten der Personenzuordnung (s. Nachwort).

II, i, 47   *peerelsse* – F *parts*; Q weist hier wohl einen DF auf (peerelesse), F bietet jedoch einen anderen Text; vgl. auch AE 145

II, i, 64   *Alansoes* – dto. F; gemeint ist François Hercule, Duc d' Alençon (1555-84), Freier Elisabeths I. (AE 146). »And curiously the historical King of Navarre had a sister Katherine who was related to the d'Alençon line [she was a granddaughter of Marguerite d'Angoulême, sister to King François I and the duchesse d' Alençon.]« (Jolly)

II, i, 77   *treuant* – truant
II, i, 92   *vnpeeled* – *vnpeopled* F
II, i, 100   *wilbe* – *wil be* F (wie III, i, 118 u.a.)
II, i, 117-31 Berowne. *Did not I dance with you... then will I be gon.*
dieser Abschnitt setzt die editorischen Probleme der eindeutigen/konstanten Zuordnung der Paare (s.o. zu 1.-3. Lady) fort; bereits in F wird Katherine durch Rosaline ersetzt.
II, i, 120   *needles* – *needlesse* F
II, i, 134   *halfe of, of* – *halfe, of* F (DF)
II, i, 144   *friendship* – DF *faiendship* Q gem. F korr.
II, i, 166   *speciall* – DF *spciall* Q gem. F korr.
II, i, 172   *enteruiew* – interview
II, i, 185-98 Ber. *Ladie I will commend you ... thankes-giuing.*
Diese kurze Szene wird in F Boyet zugeschrieben, was nicht zur Rolle Boyets paßt
II, i, 185   *none hart* – *owne heart* F
II, i, 189   *foole* – *soule* F; im Sinne von »armes Ding« (AE 154), die Redaktion in F ist unnötig
II, i, 194   *prickt* – *prick't* F
II, i, 195   *No poynt* – non point
II, i, 201   *Rosalin* – Var. Katherine (Capell)
II, i, 210   *an heire of Falconbridge* – »an heir of the Falconbridge family rather than of an individual member of the family« (AE 155)
II, i, 215   *Katherin* – Var. Rosaline (Singer)
II, i, 220   *madcap L.* – *mad-cap Lord* F
II, i, 224   *boord* – board
II, i, 225   *Lady Ka.* – *La. Ma.* F
II, i, 238   *eyes)* – fehlende Klammer in Q in F gesetzt
II, i, 244   *desier* – *desire* F
II, i, 255   *margent* – margin
II, i, 263   *Lad.* – ab hier bis zum Ende der Szene wieder einige Unbestimmtheiten in der Personenzuordnung
III, i, 3   *Concolinel* – frz. und irische Erklärungsversuche s. AE 161
III, i, 7   *braule* – brawl, eine Art Tanz, nur hier bei S.; Wortspiele mit anderen Bedeutungen des Wortes (frz. branler, AE 161)
III, i, 9   *Iigge off* – jig off
III, i, 15   *thinbellies doblet* – *thinbellie doublet* F
III, i, 23   *penne* – Var. penny (Hanmer)

.

III, i, 24   *But o but o* — *The Hobbie-horse is forgot*
wörtlich dieselbe Anspielung, wohl auf ein zeitgenössisches Lied, u. a.
auch in *Hamlet* 3.2.135 (AE 162)

III, i, 28   *hacknie* — hackney

III, i, 30   *Necligent* — *Negligent* F

III, i, 48   *gated* — gaited

III, i, 53   *Minnime* — lat. minime, bestimmt nicht

III, i, 56   *fierd* — *fir'd* F

III, i, 66   *a Costard broken in a shin*
Gabriel Harvey (vgl. Nachwort) wies 1593 Thomas Nashes Versöhn-
ungsversuch mit folgenden Worten zurück »a silly recantation, as it
were a sory plaister to a broken shinne, that could knocke malice on
the head... [einen blöden Widerruf ..., sozusagen ein Wundpflaster für
ein gebrochenes Schienbein, als ob das der Boshaftigkeit einen Schlag
auf den Schädel geben... könnte]« (Detobel IV, 106) Als Entgegnung
spielt Nashe »in *Strange Newes* auf Harveys gescheiterte Universitäts-
karriere an: ›Dem, der sich wie der Fuchs in der Erde verscharrt, um
Vögel zu fangen, kann es geschehen, daß ihm ein schwerer Karren
überrollt, der ihm das Rückgrat bricht‹ (I.260). Es ist bekannt, daß der
Hof mindestens einmal Harveys Berufung verhinderte. Der schwere
Karren, den Nashe meint, mag Oxfords Schwiegervater, Lord
Burghley, gewesen sein, außer mächtigster Minister im Staate auch
Kanzler der Universität Cambridge.« (Detobel IV, 114)

III, i, 67   *Lenuoy* — l'envoi, Schlußwendung eines Textes/Gedichts,
Botschaft (Sendung). Gabriel Harvey hatte eine Vorliebe für Envois,
über die sich Nashe lustig macht (Detobel IV, 110 u.ö.)

III, i, 68   *egma* — Medikament aus Eiern (AE 165)

III, i, 68   *salve in thee male* — Salbe; male (Var. mail, Malone) wird als
»bag« gelesen, aber z.B. auch assoziiert mit »salvo in the male« (AE
165); Armado mißversteht salve als lat. hail (III, i, 75)

III, i, 69   *pline Plantan* — *plaine Plantan* (plantain) F

III, i, 72f.   *radiculous* — *rediculous* F

III, i, 78-84 *I will example it ... being but three.* — fehlt in F

III, i, 79ff. *The Fox, the Ape, and the Humble-Bee ...*
»the significance — topical or personal — of this four-line verse is
obscur.« (AE 166). Detobel bietet dazu eine Erklärung aus der
Harvey-Nashe-Kontroverse an: »Der Vers, an dem das Envoy unzäh-
lige Male demonstriert wird, ist dem zweiten Teil von Nashes Fabel

über den Bären, den Grafen von Leicester, entnommen. Nach Leicesters Tod (1588) verlor die puritanische Partei ihren Fürsprecher. Nashe sieht in dem Bären dennoch den Urheber einer neuen politischen Strategie, die darin besteht, durch Predigten das Volk für sich zu gewinnen. Nach dem Tod des Bären ist das die Strategie, die der Fuchs benutzt. Und obwohl er behauptet, nichts mit dem Affen zu tun zu haben, sind die beiden Nashe zufolge doch im Bunde. Der Affe ist Martin Marprelate, der in volkstümlichen Schriften die anglikanische Amtskirche angreift. Martin war ein üblicher Name für Affe. Affe und Fuchs reden dem einfachen Mann ein, er brauche keine Bienen mehr, das Ausland hätte viel besseren Honig, man könnte ihn von dort einführen. Honig ist hier Metapher für Religion, die Bienen stehen für die anglikanischen Bischöfe, die Martin Marprelate mit von Schriftstellern wie Nashe und Lyly verfaßten Spottschriften begegneten. In diesen Streit hatten sich die beiden Brüder Gabriel und Harvey als dritte Partei eingeschaltet. Sie glaubten, Wege zur Beilegung des Streits zwischen anglikanischer Kirche und deren puritanischer Fraktion finden zu können. Der Fuchs, der Affe, und die demütige Biene waren also ›at odds‹, was hier beides bedeutet: im Streit und uneben ..., die Harveys wollten den Streit schlichten (stay'd the odds) ... Warum wird Harvey, wie Nashe schreibt, zur ›Gans‹ gemacht? Mehrere Deutungen sind möglich. ›L'envoi‹ endet auf ›oi‹, gesprochen wie ›oie‹, das französische Wort für Gans. Eine andere Möglichkeit: Nashe spricht einmal von ›goose-quill Braggadochio‹, ›Gänsekiel-Aufschneider‹, und als pedantischer gelehrter Bramarbas ist Armado dargestellt.« (IV, 114f.) Vgl. auch Nachwort.

III, i, 97   *fast and loose* – vgl. I, ii, 140

III, i, 98   *Let me see a fat Lenuoy, I thats a fat Goose.*
»plays on the French word for goose, ›oie‹« (Jolly, nicht AE)

III, i, 122   *remuneration* – aufgenommen von Costard in III, i, 127-137, III, i, 159-161 und noch einmal in V, i, 63

III, i, 126   *in-conie Iew* – incony Jew; assoziiert auch Juvenal und jewel (AE 169)

III, i, 128   *three-farthings* – geringwertige Münzen, die von 1561 bis 1581 geprägt wurden (AE 169)

III, i, 129   *yncle* – inkle

III, i, 130   *i.d.* – Var. one penny (Rowe)

III, i, 131   *French-Crowne* – écu, frz. Münze

III, i, 134   *O my good knaue* – die auffälligen O am Beginn der Anrede (bis III, i, 162) werden in neuerer Zeit als Verleser von *Bero.* gewertet und weggelassen.

III, i, 140   *wy* – with

III, i, 158   *guerdon* – frz. Form von *gardon* (s.u.)

III, i, 160   *a leuenpence* – elevenpence

III, i, 163   *Bedell ... Crietick* – Beadle ... *Criticke* F

III, i, 165   *then* – than

III, i, 168   *This signior Iunios gyant dwarffe, dan Cupid,*
die Emendation zu Signor (Senior) Junior (Hanmer, AE 172) klingt weit hergeholt. Die Wortgruppe soll offensichtlich den Künstler des *gyant dwarffe* bezeichnen und kann daher nur im Genetiv stehen; die Kursivschreibung belegt zusätzlich, daß Namen, nicht Begriffe gemeint sind. Malim (57) schlägt die Lesart Signior Julio (Romano) vor, der bei S. sehr präsent ist (vgl. die detaillierten Studien von N. Magri; im Palazzo del Té (Amor-Psyche-Saal, Gigantensaal) finden sich zum Text passende Fresken). Schon Baudissin übersetzt »des Giulio Riesenzwerg«.

III, i, 170   *groones* – groanes

III, i, 172   *Placcats* – plackets

III, i, 174   *Parrators* – (ap)paritors, Ankläger bei Sittlichkeitsdelikten (AE 172)

III, i, 178   *Iermane Cloake* – *Germane* F, clock F2; komplizierte Uhren mit Spielwerk (AE 185)

III, i, 184   *whitly* – whitely

III, i, 192   *shue* – sue

III, i, 193   *Ione* – Joan; svw. ein gewöhnliches Weib; vgl. IV, ii, 185 und V, ii, 967/976

IV, i, 6   *Who ere a was* – whoever he was

IV, i, 22   *dew* – due F

IV, i, 30   *doote* – do't F

IV, i, 48   *Which is the greatest Ladie, the highest?*
»the Princess of France, Marguerite de Valois. Hugh Richmond draws attention to her appearance. She had, it seems, a robust figure – Richmond refers to her Amazonian stature – a figure strong enough to carry robes ›whose weight would have crushed another woman, but which her large and ample figure supports so well‹« (Jolly)

IV, i, 50   *trueth is trueth* – vere is vere; vgl. das Echo in IV, i, 68, *truer then trueth it selfe*

IV, i, 74   *ouercame* – DF couercame in Q gem. F korr.

IV, i, 85   *tittles* – Kleinigkeiten

IV, i, 88   *Thine in the dearest designe of industri*
»Das Wort ›industry‹ war eines der charakterischsten Wörter Harveys. Bei Shakespeare kommt das Wort nur ein einziges Mal vor.« (Detobel IV, 108)

IV, i, 97   *vaine* – vein F, vane (Rowe)

IV, i, 101   *Monarcho* – angemaßter Titel eines verrückten Italieners am Hof Elisabeths, 1580 gestorben (AE 180, Verweis auf Thomas Nashe)

IV, i, 128   *Pippen of Frannce* – Pippin of France F

IV, i, 129   *touching* – DF touchiug in Q gem. F korr.

IV, i, 130   *hit it* – auch »a popular song and dance« (AE 182)

IV, i, 139   *meate* – mete

IV, i, 141   *neare* – ne're F

IV, i, 149   *inconic* – inconie F, vgl. III, i, 126

IV, i, 151   *ath toothen side* – ath to the side F, o'th' t'other side

IV, ii, 1   *Holofernes, the Pedant* – Thubal Holofernes war bei Rabelais einer der Lehrer Gargantuas (AE 110). Zur Hintergrund dieser Figur wie auch Don Armados und Moths vgl. Nachwort. Greene verspottete Harvey als »Tubal-Kain« (Detobel II, 48 u.ö.)

IV, ii, 4   *sanguis in blood* – lat. sanguine (Ablativ) wäre hier korrekt statt sanguis (Nominativ) (AE 185)

IV, ii, 6   *Celo* – caelo statt caelum, derselbe Fehler; Holofornes wird deutlich als schlechter Lateinkenner charakterisiert, was AE 185 auch zugibt (was implizit bedeutet, daß S. ein guter Lateinkenner war)

IV, ii, 8   *epythithes* – Var. epithets (Rowe)

IV, ii, 11   *haud credo* – ich glaube schwerlich; der Terminus findet sich schon in *The Troublesome Reign of King John* (AE 186). Dull hört lt. Rowse so etwas wie »old Grey doe« heraus

IV, ii, 20   *bis coctus* – zweimal gekocht

IV, ii, 30   *indistreell* – indiscreet F

IV, ii, 37   *Dictisima* – Var. Dictynna (Rowe, F2), Bezeichnung für Phoebe, wie Nathaniel in Z. 39 erläutert. Hier aber einen Lesefehler des Setzers anzunehmen (AE 188) ist angesichts der betonten doppelten Wiederholung unwahrscheinlich. Dictynna war das Pseudonym der Herzogin von Retz, einer engen Freundin von Marguerite de Valois, deren Salon de Vere 1575/76 besucht haben könnte (Cole).

IV, ii, 43 *Collusion* – betrügerische Absprache
IV, ii, 46 *polusion* – pollution
IV, ii, 50f. *the ignorault cald* – *the ignorant call'd* [call I] F
IV, ii, 52 *Perge* – lat. nun denn
IV, ii, 53 *squirilitie* – *scurilitie* F
IV, ii, 55 *prayfull* – Var. preyful (Collier)
IV, ii, 55 *pearst* – pierced
IV, ii, 59 *Sorell* – pricket = Bock im zweiten Jahr, sore im vierten und sorell im dritten Jahr
IV, ii, 63f. *el to Sore, makes fiftie sores* – L als röm. zahl
IV, ii, 70 *Nath.* – ab hier werden seit Rowe zahlreiche Stellen Holofernes statt Nathaniel zugeschrieben (vgl. AE 312f. und Nachwort) und umgekehrt. Die Übersetzung folgt der geänderten Zuschreibung.
IV, ii, 73f. *ventricle of Memorie ... primater* [Var. pia mater (Rowe)]
»Das Außergewöhnliche an den beiden medizinischen Fachausdrükken ist nicht ihre Erwähnung allein, sondern das richtige Verständnis ihrer Funktion; nicht einmal heute kennt auch ein Mensch mit guter Allgemeinbildung diese Begriffe und ihre Funktion. Mit sehr großer Wahrscheinlichkeit kommt in Frage: *Thomas Vicary, The Anatomie of the Bodie of Man* (sic!), zum erstenmal gedruckt im Jahre 1547. Darin kommt Vicary (Kap. IV) auf die pia mater und den ›ventricle of memory‹ zu sprechen. S.s Bemerkung ist eine exakte Paraphrase von Vicarys ›That it nourisheth the brayne and feedeth it, as doth a loving mother unto her gender childe or babe‹.« (G. Wagner)
IV, ii, 81 *Me hercle* – bei Herkules
IV, ii, 83 *Vir sapis qui pauca loquitur* – der Mann ist weise [korrekt: sapit], der wenig spricht (aus Lilys Grammatik (Schulstoff), AE 192)
IV, ii, 86 *Person* – Parson Q2
IV, ii, 88 *perst* – pierced
IV, ii, 89f. *hoggshead* – großes Faß
vgl. »Pierce, the hogshead of wit« aus Harvey, *Pierce's Supererogation* (Chiljan 373)
IV, ii, 91 *turph* – turf
IV, ii, 96f. *Facile precor gellida, quando pecas omnia sub vmbra ruminat* – das leicht geänderte Originalzitat aus Mantuanus (s. u., 97) erster Ecloge lautet »Fauste precor gelida quando pecus omne sub umbra ruminat«. Seit F2 wird diese Fassung verwendet. »Die Form ›facile‹

kann unmöglich vom Drucker stammen und auch nicht mit dem nomen proprium ›Fauste‹ verwechselt worden sein. Holofernes beherrscht offensichtlich die Metrik nicht, denn ›facile‹ ist für einen Hexameter eine Silbe zu lang.« (G. Wagner) Vgl. zum ganzen Abschnitt die Erläuterungen von Robin Fox und das Nachwort.

IV, ii, 97   *olde Mantuan* – Baptista Spagnuoli of Mantua (1448-1516), Schulstoff (»part of the standard Grammar School curriculum« (Fox 89) in elisabeth. Zeit. Holofernes' »garbled misquote ... was the first poem in the book, so every grammar-school boy would know it.« (Fox 89)

IV, ii, 98f.   *vemchie, vencha, que non te vnde, que non te perreche.* auch hier wird in allen neueren Editionen das Zitat gemäß dem Original geglättet, da die Verballhornung »clearly the result of compositorial error and not an authorial joke« sein soll (AE 193). Dabei ist es »ein Mischmasch aus Italienisch und Spanisch; Holofernes sagt wohl Venechie oder Venechia, und das klingt eher ›spanisch‹ als italienisch. Eindeutig spanisch sind que (für chi), te (für ti), und das verunstaltete perreche ist näher am spanischen precia als am italienischen pretia.« (G. Wagner)

IV, ii, 104   *stanze* – DF *stauze* aus Q korr. gem. F; stanza Vgl. »Staff in our vulgar Poesy ... The Italians call it Stanza« (*Arte*, zit. bei Malim, 133)

IV, ii, 104   *Lege domine* – lies, Herr

IV, ii, 105-118   *If Loue ... earthly tong* als Gedicht 1599 in *The Passionate Pilgrim* nachgedruckt

IV, ii, 119   *apostraphas* – wiederum knapp daneben: die latinisierte Form des Wortes heißt apostropha (-ae); auch die gr. Form apostrophe, (-es) wird im lat. verwendet (G. Wagner)

IV, ii, 120   *cangenet* – Var. canzonet (Theobald)

IV, ii, 122   *caret* – lat. fehlen

IV, ii, 123   *Ouiddius Naso was the man* – eine bemerkenswerte direkte Gleichsetzung Shakespeares mit seinem omnipräsenten Lieblingsdichter. Oxfordianer schreiben Goldings Ovid-Übersetzung (1568) seinem Neffen Edward de Vere zu. Zum Wortspiel mit Naso (»nosed like Naso«) vgl. Detobel zu Nashe

IV, ii, 125   *imitarie* – Var. imitari (Thobald); Baldwin stellt den Bezug zu Quintilian her (AE 196)

IV, iii, 5f.   *set thee downe sorrow* – vgl. I, i, 288

IV, iii, 9   *a my side* – o' my side (s. auch IV, iii, 15)

IV, iii, 14 *heere ... heare* – here ... *heere* F

IV, iii, 46 *periure* – perjurer

IV, iii, 51f. *the corner cap of societie ... Tiburne* – Hinrichtungsplatz mit dreieckigen Galgen; (verfolgte) katholische Priester trugen dreieckige Mützen (AE 202)

IV, iii, 59 *heauenly* – DF *heanenly* aus Q gem. F korr.

IV, iii, 59-73 ebenfalls Nachdruck in *The Passionate Pilgrim*

IV, iii, 74 *ydotarie* – *Idolatry* F

IV, iii, 80 *ore ey* – o'er eye

IV, iii, 85 *woonder in* – *wonder of* F

IV, iii, 87 *heires* – *haires* F

IV, iii, 87 *coted* – quoted

IV, iii, 100 *misprison* – *misprision* F

IV, iii, 104-123 ebenfalls nachgedruckt in *Passionate Pilgrim (PP)* und in *England's Helicon* (1600)

IV, iii, 115 *throne* – Var. thorn (PP)

IV, iii, 171 *Iigge* – jig

IV, iii, 172 *push-pin* – ein Kinderspiel (AE 210)

IV, iii, 177 *Caudle* – ein heilendes Getränk; Var. *Candle* F

IV, iii, 188f. *gate ... wast [waste F]... limme* – gait ... waist ... limb

IV, iii, 230 *Did they, quoth you?* – F-Version mit Komma

IV, iii, 243 *culd* – *cul'd* F, culled

IV, iii, 244 *faire ... faire* – auch hier ein Kernwort (vgl. auch IV, i, 22; V, ii, 367 in Verbindung mit »foule«, und 50 weitere Stellen). [Fair assoziiert ja auch »Vere«, so wie foul »fool«; die Verfolgung durch »hingezauberte« spöttische Vogelstimmen wie bei Schreber ist dann nicht mehr sehr weit entfernt; bei *King Lear* wird diese Besessenheit von den Worten foul/fair sehr intensiv].

IV, iii, 277 *crake* – crack

IV, iii, 290 Hier wird eine Anspielung auf das Ditchley Porträt Elisabeths I. vermutet, die mit ihrem Fuß auf einer Karte von Dixley in Oxfordshire steht (AE 218).

IV, iii, 295 *I marie ... euyll* – Ay, marry, ... evil

IV, iii, 308-330 *Can you still dreame ... our Bookes:*
Dieser Abschnitt wird als unecht betrachtet und in den Anhang verbannt (AE)

IV, iii, 324 *Learning is but an adiunct to our selfe*
bereits von Looney (200f.) zitiert zur Erläuterung des aristokratischen,

nicht autodidaktischen Verhältnisses S.s zur Bildung

IV, iii, 394   *Alone alone* – Var. Allons (Theobald); vgl. auch V, i, 130

V, i, 2   *Satis quid sufficit* – genug ist was genügt; das fehlerhafte quid wird seit Rowe durch quod ersetzt

V, i, 10   *Noui hominum tanquam te* – ich kenne den Mann so gut wie dich; aus Lilys Grammatik. Der Fehler hominum statt hominem (falscher Akkusativ) wird gewöhnlich als »Setzfehler« angepaßt (AE 224), statt zur Charakterisierung des »sprachlichen Bramarbas« (G. Wagner) Holofernes zu dienen

V, i, 12   *rediculous* – *ridiculous* F

V, i, 13   *thrasonicall* – vgl. Terenz, *Eunuchus*

V, i, 14   *peregrinat* – eine originäre Wortverbindung S.s (AE 225)

V, i, 18   *phanatticall phantasims* – ein schönes Beispiel für die sprachspielerische Arbeit S.s, der sich anschließend gezielt abgrenzt gegen die pedantische Sprachreformeritis seiner Zeit. Holofernes »was taking a position on a great intellectual issue of the day: the correct pronunciation of English and the classical languages.« (Fox 107) »The Arden edition of the play claims that Harvey actually spelled phonetically (*dettor*) and was in favor of modernizing spelling and pronunciation!« (Fox 110)

V, i, 20   *ortagriphie* – exakt dieselbe Orthographie wird in F wiederholt; deren Editoren werden den Witz verstanden haben

V, i, 20   *dout fine* – Var. dout sine b, 1962 ersonnen (AE 225). Wenn man französisch doute = Zweifel setzt sind solche gewagten Textverbesserungen überflüssig.

V, i, 20ff   *dout ... doubt; det ... debt; deb't, not det*
»the playwright knows the English have taken these once Latin words through French, and on the way adopted the French pronunciation« (Jolly)

V, i, 22   *clepeth* – archaische Form von *calls*, einzigartig bei S. (AE 226)

V, i, 25   *infamie* – trotzdem sich die Schreibweise auch in F findet, wird ein DF von insanie angenommen

V, i, 25   *ne inteligis domine* – verstehen Sie, Herr
»Erklären müßte man auch, warum sich Holofernes über die Leute ärgert, die ›Ne intellegis, domine?‹ statt richtig ›intellegisne‹ (erkennst du?) sagen. ›Ne‹ ist nicht die (begehrende) negative Konjunktion ›ne‹, sondern die angehängte Fragepartikel ›-ne‹, wie – richtig verwendet – in ›videsne‹ (siehst du?).« (G. Wagner)

V, i, 26   *bene intelligo* – ich verstehe gut, korrekte Grammatik bene (Adverb von bonus)

V, i, 27   *Bome boon for boon*
Theobald versucht die Kritik des Holofernes am vorherigen korrekten *bene* durch eine Rückverschlechterung zu *bone* unnötig plausibler zu machen (AE 226); H. hört und spricht verkehrt

V, i, 27   *prescian* – die latein. Grammatik von Priscian

V, i, 29   *Vides ne quis venit?*
»Die richtige Schreibung wäre: ›Videsne, quis veniat‹ - siehst du, wer kommt? (die Form venit könnte auch Perfekt sein und ›gekommen ist‹ bedeuten). Er sagt zweimal falsch ›videsne, quis venit?‹ statt richtig ›...quis veniat‹ (wer da kommt); quis ist eine indirekte Frage und muß im Konjunktiv nach der Zeitenfolge stehen.« (G. Wagner)

V, i, 30   *Video, et gaudio*
wohl vom Dichter gewollter Fehler des Holofernes. »gaudio« kann hier nicht Ablativ von gaudium sein (AE 226), denn »mit Freude« heißt im klassischen Latein stets »cum gaudio«, meist »magno cum gaudio« – mit großer Freude; gaudeo (ich freue mich) ist 1. P. Sg. wie video und setzt die Intention des Sprechers logisch fort. Richtig wäre video et gaudeo (ich sehe und freue mich). (G. Wagner)

V, i, 31   *Chirra* – Heil; eventuell Bezug auf chaere aus Erasmus' Schulprogramm (AE 227)

V, i, 32   *Quari* – korrekt quare, warum

V, i, 38   *for a worde* – Wortspiel Moth / mot (frz.)

V, i, 40   *flapdragon* – ein Spiel, bei dem eine Rosine in einem brennenden Brandyglas aufgeschnappt werden soll (AE 227)

V, i, 43   *Horne-booke* – »Before starting on the ABC proper, however, children learned their letters and numbers from a hornbook. ... The page of letters, and usually the Lord's Prayer, was pasted onto a kind of wooden paddle and covered with a sheet of translucent horn. The idea was, according to commentators of the day, to protect it from the destructiveness of young children.« (Fox 104)

V, i, 44   *Ab speld backward*
»the reference to Holofernes' humble functions as a hornbook teacher is obvious. ›A‹ and ›b‹ are the first two letters of the book, and backwards they spell ›ba,‹ hence the sheep. Every producer (and actor) knows to pronounce this ›baa.‹ ... Also, for grammarians of the day, the English vowels formed ›oueia‹ – close to the Spanish pronunciation

for ›sheep‹ (oveja).« (Fox 104-6)

V, i, 45   *puericia* – pueritia; Kindischheit, Kindskopf

V, i, 46   *seely* – silly

V, i, 47   *Quis* – wer

V, i, 52   *sault wane* – *salt waue* F; wane könnte ein DF sein, aber auch eine Parallel zu *vene* in der nächsten Zeile

V, i, 53   *tutch ... vene we* – touch ... venue (Var. Dyce)

V, i, 55   *wit-old* – Anspielung auf Wittold, Hahnrei (AE 228)

V, i, 60   *vnum cita* – wie in F, Q hat einen Strich über dem u; Var. manu cita, mit sicherer Hand

V, i, 64   *Pidgin-egge* – *Pidgeon-egge* F

V, i, 67   *ad dungil* – Verballhornung von ad unguem, in den Fingerspitzen, mit dunghill

V, i, 70f.   *barbarous ... on the top of the Mountaine*
             »The Italian ... calleth the Frenchman, Spaniard, Dutch, English ... behither their mountains ... Barbarous« (*Arte*, vgl. Malim 129)

V, i, 80   *culd* – culled

V, i, 85   *importunt* – *importunate* F

V, i, 109   *lim* – *limme* F, limb

V, i, 130   *Alone* – Var. Allons (Rowe)

V, ii, 4   *walde* – *wal'd* F

V, ii, 8   *crambd* – *cram'd* F

V, ii, 9   *Writ a both sides the leafe, margent and all,*
             Henri IV »had a ›quaint habit of saving paper by writing in every direction on every corner of each page of his letter‹« (Jolly)

V, ii, 14   *neare* – *nere* F, never; eine nicht entwickelte Geschichte, die an Viola in *Was ihr wollt* erinnert (AE 237)

V, ii, 28   *care ... cure* – Var. cure ... care (Theobald)

V, ii, 29   *Well bandied both, a set of Wit well played* – vgl. Oxfords Tennis-Gedicht: »›A bandy ho,‹ the people cry« etc. (Vere 50)

V, ii, 35   *Vearses* – assoziiert auch den Namen Vere

V, ii, 39   *O he hath ...* – bestätigt Z. 35, wenn man O = Oxford setzt. AE (237) bietet an dieser Stelle (wie so oft) sexuelle Assoziationen, die wenig zwingend erscheinen

V, ii, 41   *nothing* – de Vere zum dritten: vgl. de Veres Motto und Susanne Veres Assoziation »nothing is her lot« (Hope)

V, ii, 44   *Ware pensalls, How?* – 'Ware pencils, ho; imitiert den Jagdruf »'ware riot, ho«, pencil = Kosmetikstift (AE 238)

V, ii, 45   *red Dominicall* – rot gedruckter Tagesbuchstabe in Alma-
nachen (AE 238)

V, ii, 68f.   *my deuice .. that iestes* – um des fehlenden Reimes willen hat
Dyce hier das altertümliche hests auf jests gereimt (AE 240)

V, ii, 70   *perttaunt like* – eine ungeklärte Stelle mit zahlreichen Varianten wie pair-taunt-like

V, ii, 72ff.   Anklänge an Erasmus, *The Praise of Folly* (AE240)

V, ii, 77   *wantons be* – Var. wantonness F2

V, ii, 83   *myrth* – *mirth* F

V, ii, 84   *stable* – *stab'd* F

V, ii, 87   *incounters* – encounters

V, ii, 94   *Siccamone* – *Siccamore* F; sycamore, vgl. *Othello* IV, iii, 47 und
die Anm. dazu (S. 279 unserer Edition)

V, ii, 100   *ouer hard* – *ouer-heard* F

V, ii, 101   *they* – DF *thy* gem. F korr.

V, ii, 103   *cond* – conned

V, ii, 103   *embassage* – frz. message, Betonung auf der 2. Silbe

V, ii, 123   *pashions solembe* – *passions solemne* F

V, ii, 128   *Loue-feat* – um das vermeintlich zu direkte feat abzumildern,
wurde u.a. die Var. love-suit (Halliwell) vorgeschlagen (AE 243)

V, ii, 134   *Despight of sute* – despite of suit

V, ii, 144   *merement* – *merriment* F

V, ii, 146   *vnboosome* – *vnbosome* F

V, ii, 150   *toot* – to't

V, ii, 152   *pend* – *pen'd* F

V, ii, 169   *The Ladyes turne their backes to him.* – in Q/F nicht ohne
weiteres als Regieanweisung erkennbar, da nicht kursiv gesetzt
(Inversion der kursiven Rede)

V, ii, 180   *Daughter* – Wortspiel mit sun/son

V, ii, 208   *trauaile* – *trauell* F

V, ii, 227   *Rosa. The musique ...* – diese Zeile wird seit Theobald dem
König zugeschrieben

V, ii, 235   *measue* – *measure* F

V, ii, 240   *cennot* – *cannot* F

V, ii, 247   *treyes* – eine gewürfelte Drei (s. u., *dice*, Würfelspiel)

V, ii, 249   *dosen* – *dozen* F

V, ii, 250   *cogg* – cog

V, ii, 262-277 Maria wird hier seit Rowe durch Katherine ersetzt

V, ii, 262   *tongue* – ein Lederstreifen im Mund, der die Maske festhält (AE 252)

V, ii, 267   *Veale* – Wortspiel mit einem unverständlichen »well« und veal/veil (AE 252)

V, ii, 272   *weane* – wean, abstillen

V, ii, 305   *plaine statute Caps* – Mützen zur Kennzeichnung niederer Stände (AE 255)

V, ii, 321   *dammaske* – Damast, die bei S. notorische Damaszenerrose

V, ii, 322   *varling* – *vailing* F

V, ii, 327ff. *heare ... geare ... ende ... pende* – es ensteht der Eindruck, als ob Reime auch orthographisch betont werden (here, penned)

V, ii, 341   *This fellow peckes vp Wit as Pidgions Pease*
R. Malim sieht in Philip Sidney's *Astrophel & Stella* (ca. 1581) ein direktes Echo auf diese Stelle: »I am no pick-purse of another's wit.« (Malim 2014)

V, ii, 343   *He is Witts Pedler, and retales his wares* – vgl. Fitzgerald zu *A Pedlar*

V, ii, 349   *A can carue to* – *He can carue too* F

V, ii, 350   *his hand, a way* – *away his hand* F

V, ii, 352   *Tables* – backgammon (AE 258)

V, ii, 354   *hushering* – *Vshering* F

V, ii, 366   *All haile* – Wortspiel mit hail (Hagel)

V, ii, 368   *Consture my spaches* – *Construe my speeches* F

V, ii, 372   *Feelde* – s. o. II, i, 89

V, ii, 379   *vnsallied* – Var. unsullied F2

V, ii, 405   *hudge stoore* – *huge stoore* [store] F

V, ii, 418   *dounright* – *downeright* F

V, ii, 421   *sound* – Var. swoon (Pope)

V, ii, 424ff. ein weiteres Sonett

V, ii, 432   *pend* – *pen'd* F

V, ii, 437   *Three pilde Hiberboles* – *Three-pil'd Hyperboles* F

V, ii, 495   *ant* – *on't* F

V, ii, 498   *sleight saine* – *slight Zanie* F, der bäurische Gefährte Pantalons aus der *commedia del'arte*

V, ii, 504   *wood* – *woo'd* F

V, ii, 507   *you* – an Boyet gerichet (Rowe)

V, ii, 509   *squier* – Variante von square, Anklang an squire (AE 269)

V, ii, 513   *aloude* – *alowd* F

V, ii, 517   *nuage – manager* F, manage (Theobald), Galopp

V, ii, 525   *vara –* very (Dialekt, AE 270)

V, ii, 526   *pursents –* verballhort presents, nicht weiter erklärt (AE 270)

V, ii, 540   *parfect – perfect* F, Q hat eine altertümliche Form (AE 271)

V, ii, 541   *Pompion –* pumpkin

V, ii, 553   *best – least* F

V, ii, 568   *delaguar –* Var. de la guerre (Theobald)

V, ii, 578f.   *The Pedant, the Bragart, the Hedge-Priest, the Foole, and the Boy*
die Nähe dieser Aufzählung zu commedia dell'arte bemerkt auch die
AE (273)

V, ii, 580   *throw at Nouum* [*Novum* F] – ein Würfelspiel (AE 273)

V, ii, 581   *vaine –* vein

V, ii, 587   *Libbards –* Leopard

V, ii, 605   *Nose –* Alexander soll seinen Kopf lt. Plutarch schief gehalten
haben (AE 275)

V, ii, 612   *Conquerour –* der DF *Conqueronr* aus Q wurde korrigiert

V, ii, 615   *Polax – Pollax* F, pole-ax

V, ii, 616   *Aiax –* hier wird offensichtlich auf das zeitgenössische
Wortspiel Ajax = ›a jakes‹ angespielt (vgl. AE 276)

V, ii, 636   *ecliped – ycliped* F

V, ii, 644   *Elder –* DF *Flder* in Q gem. F korr.

V, ii, 660   *outfaste – out-fac'd* F

V, ii, 674   *Troyan –* Saufkumpan (AE 280)

V, ii, 679   *indued –* endued

V, ii, 684   *gift Nutmegg – gilt Nutmegge* F, mit Eigelb lackierte Muskatnuß
als Getränkbeigabe (AE 280)

V, ii, 695f.   *raine ... raine – reine ... reine* F

V, ii, 698   *Greyhound –* Windhund

V, ii, 706   *I do adore ... Slipper –* Q kursiv, F nicht

V, ii, 715f.   *the childe bragges in her bellie already –*
exakter Bezug auf Nashe, »the Spaniard, who is borne a Bragart in his
mothers wombe« (AE 282; vgl. Nachwort)

V, ii, 746   *haue –* DF *hane* gem. F korr.

V, ii, 754   *interrupptest –* auch hier wurde in Q u mit n vertauscht

V, ii, 775   *humble –* Var. nimble (Theobald)

V, ii, 801   *straying –* Var. strange (Capell)

V, ii, 806   *misbecombd – misbecom'd* F

V, ii, 811   *falce – false* F (DF?)

V, ii, 820   *this our respectes – these are our respects* F; Var. this our respects (Hanmer)

V, ii, 829   *a world-without-end* – aus dem *Book of Common Prayer* (AE 289)

V, ii, 856   *herrite – euer* F; hermite

V, ii, 858-863   *Rosal. You must be purged ... but what to me?*
dieser Abschnitt wird gewöhnlich weggelassen, weil sie ein erster Entwurf der Zeilen 882ff. sein sollen (AE 290)

V, ii, 868   *smothfast – smoothfac'd* F

V, ii, 886   *estetes – estates* F

V, ii, 918   *an'aday – and a day* F

V, ii, 936   *Ver, the Spring* – die Anspielung auf Vere wird, wenn man de Vere als Verfasser nimmt, keine zufällige sein.

V, ii, 941   *Cuckow-budds of yellow hew*
»The plant is not certainly identified‹, says Woudhuysen's notes... But look up ›cuckoo‹, ›coucou‹, in a French dictionary, and we find that ›coucou‹ is a ›cowslip‹ [Primula veris], which is indeed ›of yellow hue‹.« (Jolly, ebenso Cole) Weitere botanische Parallelen im Lied bezieht sich auch auf John Gerards »Herball, or General History of Plants« (Ogburn 437f.). John Gerard war für 2 Jahrzehnte Angestellter William Cecils, also Mitglied des Haushalts de Veres (Anderson 20); sein Buch ist aktuell berühmt dadurch, daß es die einzige Abbildung S.s zu Lebzeiten zeigen soll.

V, ii, 949   *Oten – Oaten* F

V, ii, 977f.   *The wordes of Mercurie, are harsh after the songes of Apollo.* – in Q besonders groß gesetzt, in F Armado zugesprochen. »This is reminiscent of a book called *Le Debat de Folie et d'Amour*, a dialogue in which Mercury defends Folly and Apollo defends Love. Like the play, the debate is open-ended and undecided in favour of one or the other. It was written by Louise de Labé and published with her poems in 1555. ... the dialogue was partially translated by Robert Greene as *The Debate of Folly and Love* ..., published in 1584 and dedicated to Oxford. Labé's piece was a dialogue and, interestingly, Armado refers to the ›owl and cuckoo song‹ as a ›dialogue‹, perhaps confirming that Labé's work was indeed in the author's mind.« (Cole)

V, ii, 978   In F folgt nach dem Ende noch der Satz *You that way; we this way.*

Nachwort

Zu dieser Edition

Im Nachwort zum ersten Band dieser Ausgabe (*Timon aus Athen*) haben wir die Prinzipien unserer Edition festgelegt und ausführlicher die Entscheidung begründet, auf den englischen Originaltext zurückzugehen. Zusammengefaßt:

* Als englischer Text wird der bestverfügbare Originaltext des Stücks weitgehend wort- und zeichengetreu dargeboten: in diesem Falle der der ersten Quartoausgabe (Q1) von 1598.
* Die deutsche Übersetzung ist auch ein Kommentar zum englischen Text, der den Leser in der Regel den Sinn des Originaltextes weitgehend erfassen läßt und bei Zweifelsfällen erläuternd wirkt. Auf diese Kommentarfunktion ist sie natürlich nicht beschränkt, sonst hätte ja eine der heutzutage verbreiteten didaktisch angehauchten Prosaübertragungen genügt. Verse, erst recht Lieder sind nicht immer wörtlich zu übersetzen; den genauen Wortsinn in die Anmerkungen zu verbannen wäre jedoch pedantisch. Ein sprachlich und inhaltlich sehr anspruchsvolles Stück – *Verlorene Liebesmüh* (LLL) nimmt hier nicht nur dadurch, daß es das Shakespeare-Stück mit weitaus den meisten Reimen ist (1150 von 2785 Zeilen, Gilvary 486), einen besonderen Rang ein – verlangt der Übersetzung sehr viel mehr ab: LIVING ART ... TO SERVE HIS WITT.
* Bei fehlenden Vokabeln hilft meist ein einfaches Nachschlagen in Wörterbüchern.
* Fast alle – bei Shakespeare häufiger als bei jedem anderen Autor zu findenden – seltenen Ausdrücke sind in der

Orthographie meistens (nahezu) identisch mit der heutigen Schreibweise, was daran liegen mag, daß die sperrigen Vokabeln des Urtextes heute fast immer noch dieselben sind wie vor mehr als 400 Jahren – und heute genauso selten wie zur Shakespeare-Zeit. Mit anderen Worten: altertümlich anmutende Wörter sind eher nicht durch altertümliche Schreibweise fremd, sondern durch ihre Seltenheit, ja Einzigartigkeit. Man kann das auch so ausdrücken: Shakespeare hat die englische Sprache weitgehend erfunden und seine Erfindungen sind immer noch in Gebrauch.

* Im Anhang wird bei einigen orthographisch abweichenden Wörtern zusätzlich die moderne Schreibweise angegeben. Offensichtliche Druckfehler (z. B. dem häufigen Setzerfehler der Verwechslung von »u« und »n«) und von verschiedenen Herausgebern vorgeschlagene denkbare Varianten werden gelegentlich vermerkt und diskutiert.

* Nicht normiert und kommentiert wird der auf den ersten Blick merkwürdig anmutende historische Gebrauch des »u« und »v«; daran kann und sollte man sich gewöhnen.

Zu Zeiten des Urchaos gab es noch keine Norm. Man muß damit rechnen, daß jeglicher Eingriff in den Text eine gewollte oder vielleicht auch nur ungewollt assoziierte Bedeutung einebnet. Die Quarto-Ausgabe von LLL ähnelt in ihrer Mischung von (verglichen mit der Folioausgabe (F)) urtümlichen Wendungen mit Eigenschöpfungen und Wortspielen (insbesondere bei den Wortverdrehungen durch die diversen Clowns) mehr dem Verfahren von Autoren wie Rabelais, Joyce, Arno Schmidt als wohl sonst ein Text Shakespeares: Vieldeutigkeit der Sprache als humoristisches Element. Wenn einem allerdings (wie dies jetzt Mode wird) ständig in den Anmerkungen mögliche sexuelle Anspielungen aufgedrängt werden, kann dieser Humor auch wieder verloren gehen.

Zum Stück

Textgrundlage

Der maßgebliche Quelltext ist die erste und einzige zu Lebzeiten des Verfassers herausgegebene Quartoausgabe von 1598 (Q); ein editorisch unergiebiger Nachdruck erfolgte erst 1631, der Text in der Folio-Ausgabe von 1623 beruht eindeutig auf der Quarto-Ausgabe (AE 327) und liefert eigentlich nur eine einzige bedeutende Variante (»principal verbal change«, AE 332), den Zusatz zum Schlußsatz.

Shakesperes erste Veröffentlichung

Die Bedeutung von Q wird dadurch noch gesteigert, daß diese Ausgabe wohl das erste Drama ist, bei dem ein Name, in diesem Fall »W. Shakespere«, auf dem Titelblatt erscheint. So wie man den *Mittsommernachtstraum* mit gutem Recht als »Shakespeares letzte Veröffentlichung« (MSDN 173) bezeichnen kann, so LLL als seine erste Veröffentlichung, wenn man einmal von den Versepen absieht, bei denen der Name sich aber nicht auf dem Titelblatt findet, sondern nur in den Widmungen (AE 300).

Diese Behauptung ist jedoch gleich wieder zu relativieren: Die Titelseiten der Nachdrucke von *Richard II.* und *Richard III.*, ebenfalls aus dem Jahre 1598, tragen den Namen »William Shakespeare« bzw. »William Shak-speare« – drei Stücke, drei Schreibweisen. Hinzu kommt die Unmöglichkeit einer genaueren Datierung: LLL wurde nicht im *Stationers' Register* (SR) eingetragen (so wie der Drucker Cuthbert Burby seinen Nachdruck von *Romeo und Julia* 1599 auch nicht nicht im SR eintragen ließ (AE 300)).

Weiter hilft hier vielleicht eine naheliegende kleine Spekulation. Nach den anonymen Erstdrucken von *Richard II.* und *Richard III.*, die Andrew Wise am 29. 8. und 20. 10. 1597 im SR eintragen ließ, folgte ebenfalls durch Wise am 25. 2. 1598 der Ersteintrag des anonymen *1 Henry IV.* und am 22. 7. 1598 durch Roberts der berühmte Eintrag zum *Merchant of Venice*, der die Veröffentlichung des Buchs von der Zustimmung des Lord [Great] Chamberlain abhängig macht (Detobel VI, 10ff.). Alle drei späteren Drucke dieser Stücke tragen jedoch den Namen Shake-speare. Es ist daher anzunehmen, daß irgendwann nach diesem Datum der »Startschuß« zur Angabe dieses Namens auf den Titelblättern erfolgte. Oxfordianer vermuten hier zusätzlich einen Zusammenhang mit dem Tod William Cecils am 4. 8. 1598: Nach diesem Ereignis eignete sich auch der Dramatiker William Shakespeare seinen (pseudonymen) Namen an. Dazu paßt dann perfekt der Zeitpunkt des Eintrags von Francis Meres' *Palladis Tamia*, einer Art Verlagsprospekt mit Aufzählung aktueller und künftiger Shakespeare-Titel, darunter LLL: am 7. 9. 1598, von niemand anderem als Cuthbert Burby.

Dieser Drucker, aktiv seit 1592 (AE 298), agierte von Anfang an hauptsächlich im Shakespeare-Umfeld (Robert Greene, Thomas Nashe, John Lyly, Ben Jonson etc. (AE 298)) und druckte seit 1594 auch anonyme Shakespeare-Dramen: *The Taming of A Shrew*, *Edward III* und *Romeo and Juliet* (s.o.). Diese gelten zwar als »apokryph« oder »bad quartos«, was sich aber bei genauerer Betrachtung nicht halten läßt (hierzu Näheres in den kommenden Editionen dieser Reihe). Es handelt sich bei Burby eindeutig um einen von mehreren Druckern, die zeitweise das Vertrauen des Verfassers besaßen und einige Zeit später wieder in den Hintergrund abtraten.

Q wird als »Newly corrected and augmented« (Gilvary 101) bezeichnet. Bei anderen ähnlich gekennzeichneten Drucken liegen früher veröffentlichte Fassungen vor, und die Anzeige ihrer Bearbeitung für die Druckausgabe ist dem »Programm« von 1598 zuzuordnen, jetzt mit der Veröffentlichung von autorisierten Dramen Ernst zu machen. Aus verschiedenen zusätzlichen Indizien, z. B. einem späten Katalog, der einen sonst nicht bekannten »C Will. Sampson« als Drucker nennt (AE 301), wird auch für LLL eine womöglich unautorisierte Frühfassung Q0 rekonstruiert; irgendeine verläßliche Aussage hierüber ist jedoch nicht zu gewinnen. Vielleicht ist die Angabe auf dem Titelblatt ja auch nur ein weiteres Verwirrspiel des Verfassers.

Es spricht noch ein weiteres Argument gegen eine solche Erstveröffentlichung. Alle bisherigen Drucke umfassen Stücke, die auf öffentlichen Bühnen gespielt wurden; bei *Romeo and Juliet* (anonym veröffentlicht) heißt es explizit: »As it hath been often (with great applause) plaid publiquely« (Gilvary 343), hingegen bei LLL »As it was presented before her Highnes this last Christmas« [welches Jahr gemeint ist kann nicht mit Sicherheit angegeben werden, spätestens 1597]. LLL ist somit wohl das einzige zuerst nur am Hofe aufgeführte Stück [erst der Nachdruck von 1631 merkt an, daß das Stück öffentlich »at Blackfriars and the Globe« (Gilvary 104) aufgeführt wurde], das zu Lebzeiten des Verfassers veröffentlicht wurde; die Spekulationen über Raubdrucke, »memorial reconstruction«, Veröffentlichungen der Schauspieltruppe etc. greifen daher noch weniger als sonst.

Tatsächlich liegt das Werk wie ein Findling (oder der Monolith aus Kubricks *2001*) unvermutet plötzlich in der Landschaft. Die Herausforderung, die es an die Flut von Philologen stellt, die sich seitdem mit ihm befaßt haben, ist immens. Gemessen an diesem Anspruch sind die Resultate wohl eher mager.

Textprobleme

Die philologische Analyse hat für LLL herausgefunden, daß der Q-Text direkt von der Vorlage des Verfassers gesetzt wurde: »Die Kennzeichen einer vom Verfasser stammenden Vorlage beinhalten Unregelmäßigkeiten in der Benennung der Charaktere, falsche Einsätze, unklare Handlungen, unzureichende, ungenaue und vieldeutige Bühnenanweisungen und das Auftreten von ›ghost charakters‹« (AE 307). Diese authentischen Elemente finden sich (bis auf die Geisterrollen) in Q in reicher Auswahl.

Falsche Einsätze finden sich z. B. selbst in Berownes berühmter Rede über die Liebe (IV, iii, 308-330), und am Ende des Stückes (V, ii, 858-863) steht ein Abschnitt, der einen ersten Entwurf dessen darstellt, was einige Zeilen später ausgeführt wird (AE 290). Unregelmäßigkeiten in der Benennung der Charaktere finden sich ab IV, ii, 70, wo seit Rowe zahlreiche Stellen Holofernes statt Nathaniel zugeschrieben werden und umgekehrt (vgl. AE 312f.). Sehr aufschlußreich sind auch die wechselnden Zuordnungen der weiblichen Rollen im Verlauf des 2. Akts. Zuerst werden die Ladies durchnumeriert: *1. Lady* (II, i, 43), *2. Lad.* (Z. 59) und *3. Lad.* (Z. 67), zuweilen aber auch nur *Lad.* (Z. 56). Gegen Ende der Szene (Z. 228-271) kommt wieder diese Urform zutage: *La.*, *Lad.*, *La.*, *Lad.* (hätte 1 sein müssen), *Lad.* 2, *Lad.*

3 und wieder *Lad.*, *Lad.* mit fehlender Nummer. Zwischen diesen Zeilen werden Z. 118-130 *Kather./Kath.* und Z. 186-197 *Ros.* zugeordnet; 220/225 hingegen *Lady Maria.* und *Lady Ka.*

Diese Widersprüche haben schon die Herausgeber von F bewogen, hier ab und zu ergänzend und korrigierend einzugreifen, was aber (angesehen von neuen Fehlern) zum Teil zu neuen Unstimmigkeiten führt. So wird Z. 56 *Lad.* 1. präzisiert und Z. 67 3. *Lad.* zu *Rossa.* Die Katherine aus 118-130 wird durchgängig zu *Rosa.*, ihr Dialogpartner Berowne jedoch in Z.185-196 in *Boy.* verwandelt; auch gegen Ende wird einiges umgeändert, mal so, mal so: Z. 225 *Lady Ka.* wird zu *La. Ma.* (AE Katherine), Z. 263 *Lad.* wird zu *Lad. Ro.*, Z. 264 *Lad.* 2. wird zu *Lad. Ma.* (AE Katherine), Z., 266 *Lad.* 3. wird zu *Lad.* 2., Z. 269 *Lad.* wird zu *La.* 1., Z. 271 *Lad.* wird zu *Lad.* 2.

All dies ist lt. Stanley Wells »more easily solved than explained« (AE 312). Die Normierungen der modernen Editionen folgen einem Eindeutigkeitsprinzip; hinter jedem Vers muß auf der Bühne eindeutig eine Person stehen, die ihn spricht und spielt. Die Abweichungen von dieser Eindeutigkeit sind Indizien, daß hier nicht von einer Bühnenfassung, sondern direkt vom Manuskript des Verfassers gesetzt wurde (s.o.). Vermutungen wie »Shakespeare changed his mind about the pairings of lords and ladies in the scene« (AE 311) sind demnach nicht von der Hand zu weisen. Ebenso eindeutig kann folgender Aussage zugestimmt werden: »To distinguish between Shakespeare's errors and those of his compositors ... (is) attractive but in the end illusory« (321). Man muß sich sogar, will man nicht päpstlicher agieren als der Papst, bei jedem Detail erst einmal fragen, ob denn wirklich ein Irrtum Shakespeares vorliegt, z. B. kann es ja auch sein, daß Berowne in Z. 117-131 tatsächlich zuerst mit Katherine statt gleich mit Rosaline spricht.

Der Erkenntnisgewinn aus solcherlei Betrachtungen ist jedoch insgesamt gesehen gering: Der Verfasser schrieb selbst an seinem Stück, nicht etwa irgendein Bearbeiter, er hat aber den gedruckten Text nicht Korrektur gelesen. Das weiß man auch aus anderer Quelle: »Jonson had also, in another curious passage, recollected that ›the Players‹ always said that Shakespeare never ›blotted out a line‹; that is, presumably, that he never needed to correct his first draft.« (Fox 44) Er konnte also bühnenreif formulieren und wohl auch diktieren und überließ dann die weitere Arbeit seinen Sekretären – so wird man es sich zumindest bei Oxford denken können.

Daß eine noch intensivere Vertiefung in die Texte sich irgendwann im Kreis zu drehen beginnt, hat die AE zumindest erahnt: »The more closely the play's texts are scrutinized, the more provisional and partial and the less certain the conclusions that have been reached about them seem to become.« (334) Für den Weg aus diesem Dilemma können hier nur Anregungen gegeben werden. Diese Ausgabe versucht – nicht in jedem Detail, das würde erfordern, daß die Arbeit von Generationen von Philologen neu geleistet wird – anhand prägnanter Einzelstellen die Einsicht nahezulegen, daß hier falsch eingestellte Prämissen den Weg verbaut haben und man mit einem neu geeichten Kompaß noch sehr viel entdecken könnte. So z. B. wenn man sich fragt, woher denn die Neigung zu »archaic and peculiar forms« stammt, für deren Studium Dover Wilson »a mine for students of Shakespearian spelling« (AE 317) sieht. Oder generell neu zu überdenken, ob eine Lesart »a variant spelling ... rather than a compositorial error« ist (AE 199), was nicht nur für die *mallicholie* (IV, iii, 14) anzunehmen ist.

Joyce' berühmtes bonmot »A man of genius makes no mistakes. His errors are volitional and are the portals of discovery« ist in diesem Kontext (große Nähe zum Verfasser) neu zu verstehen und anzuwenden: Aus den vermeintlichen Irrtümern Shakespeares lassen sich neue Erkenntnisse gewinnen, wenn man denn die Grundannahme »er wußte es nicht besser, ich weiß es besser« fallenläßt für die neue »er wird sich etwas dabei gedacht haben, was kann ich daraus lernen«.

Das gilt insbesondere für die Passagen, in denen lateinische und andere fremdsprachliche Einsprengsel im Wortsinne eine Rolle spielen (s. u., »Ein Stück über Bildung«).

Quellen

Literarische Quellen

Für LLL gibt es keinerlei »Quelle« im sonst bei Shakespeare üblichen Sinne; aus dieser Verlegenheit heraus wird sogar auch von der Mainstream-Forschung die *Commedia dell'arte* ins Spiel gebracht (vgl. dazu unsere Othello-Edition); außerdem wird neben Philipp Sidney (»more in the way of influence«, AE 262) auf die Werke von [Oxfords Sekretär] John Lyly (AE 262) verwiesen, insbesondere auf *Endimion* (ca. 1587, Druck 1591, Gilvary 104, ausführlich Detobel). Dies würde insgesamt aber nur die Nebenhandlung erklären, das allerdings auf eine Weise, die mit den üblichen Annahmen der orthodoxen Shakespeare-Auffassung – große Abhängigkeit von angelesenen übersetzten Quellen wie Holinshed, Novellensammlungen, Ovid, Plutarch etc. – wenig Gemeinsamkeiten hat.

Man kann pointiert behaupten: es gibt für LLL keine rein literarischen Quellen, mit Ausnahme des 1558 in Frankreich veröffentlichten *Heptameron*. Dieses literarische Werk ist aber gleichzeitig eng verbunden mit dem historischen französischen Hintergrund des Stückes, der zugleich auch ein persönlicher Hintergrund Edward de Veres war:

»Die Elisabethaner werden den Namen ›Navarra‹ mit zwei Epochen aus der französischen Herrschergeschichte verbunden haben: erstens mit der Zeit von 1530 bis 1549 und dem gelehrten Hof der Marguerite de Navarra, ... der Verfasserin des *Heptameron*, einem Buch, in dem eine Gruppe von Männern und Frauen sich Liebesgeschichten erzählt und diese diskutiert – in den Geschichten prüfen und überlisten alle Damen ihre Verehrer – und zweitens, etwa dreißig Jahre später, mit dem Hof des Protestanten Heinrich, König von Navarra seit 1562. Marguerite de Navarre war Heinrichs Großmutter mütterlicherseits. Beide Epochen sind durch den Ort Nérac verbunden. Marguerite de Navarre hielt dort Hof von 1527 bis zu ihrem Tod 1549 und empfing sowohl liberale Theologen, Vorläufer der französischen Protestanten, als auch Dichter wie Clement Marot und Antoine de Maçon. Marot übersetzte Teile aus Ovids *Metamorphosen* ins Französische und Maçon übersetzte 1545 im Auftrage Margeritas Boccaccios *Decamerone*, das ihr die Anregung zu ihrem eigenen *Heptameron* gab. ...
Oxford erhielt seine früheste Ausbildung im Hause von Sir Thomas Smith, der Frankreich in den Jahren 1539-40 und 1562-66 als englischer Botschafter bereiste. Smith war vertraut mit dem französischen Hof unter Charles IX. ... Während seiner Botschafterzeit schrieb Smith hunderte von Briefen, von denen viele seine Suche nach Büchern erwähnen, die er für Königin Elisabeth, William Cecil

oder für sich selbst erwarb. Unter den französischen Büchern seiner eigenen Bibliothek fanden sich die Gedichte von du Bellay, die Stücke von Jacques Grévin, ein Buch über die französische Tragödie, eine Abhandlung zur Verteidigung der Frauen und das *Heptameron*.

Oxfords Kenntnisse der französischen höfischen Geschichte und Literatur (und sehr viel mehr) beruhten ursprünglich auf Smiths persönlichen Erfahrungen und den Büchern seiner Bibliothek. ... Ein französisch geschriebener Brief des 13-jährigen Oxford hat sich erhalten. Smiths Exemplar des *Heptameron* von 1560 befindet sich jetzt in der Bibliothek der University of Virginia ... Im Inneren finden sich Unterstreichungen und Randzeichnungen, die entweder von Smith selbst oder vielleicht dem jungen Oxford stammen. Sie sind von derselben Hand wie diejenigen in anderen Büchern zur französischen Geschichte, die Smith gehörten und sich nun in der Bibliothek des Queen's College in Cambridge finden.

Die Bedeutung des *Heptameron* für das Stück liegt in der generellen Übereinstimmung der Geschichten mit dem Szenario des Stückes – eine Gruppe verliebter Männer wird von einer Gruppe cleverer Frauen vollständig überflügelt. .... Einige der Geschichten wurden in Englische übersetzt (Painter's *Palace of Pleasure* (1566), John Oxenbridge's *Queen of Navarre's Tales* (1597)), aber beide Übersetzungen lassen die Diskussionen, die jeder Geschichte folgen, weg.« (Cole)

Was zusätzlich angeführt werden kann sind historisch-biographische Quellen, denn das Stück bezieht sich ja auf zeitgenössische Persönlichkeiten, in erster Linie auf Heinrich IV. von Frankreich (ehemals Heinrich III. von Navarra).

Hier wurde Pierre de la Primaudayes *l'Academie Francaise* genannt (Bullough lt. Gilvary 104; Cole; von der AE ignoriert), 1577 veröffentlicht, das von einer »kleinen Akademie« von 4 jungen Männern aus Anjou berichtet, die sich zum Studium der Alten zusammentun – »useful for scholars who are source-hunting« (Jolly). Die Namen der fiktiven Akademiemitglieder in LLL sind dabei ausnahmslos historischen Vorbildern entnommen: Dumaine (Duc de Mayenne, oder Maréchal d'Aumont), Longaville (Henri d'Orléans, Duc de Longueville) und vor allem Berowne: »But the King of Navarre did indeed have an academy at his court for a period of time. His contemporaries included the Maréchal de Biron; father and son held that title. ... It seems likely to be the son, Charles de Gontaut, who is alluded to here.« (Jolly, weitere Parallelen zu den Birons bei Cole).

Die ausführlichsten Informationen über Nérac finden sich in Marguerite de Valois' *Memoires*, die allerdings zur Shakespeare-Zeit nur im Manuskript vorlagen. Hier werden die Parallelen noch zahlreicher:

»Marguerite de Valois was the sister to the French King, and therefore a Princess. She was married to Henri, King of Navarre, and so also a Queen. In her *Mémoires* she describes sharing a bedroom with him when in Navarre, but not his bed, because of his various affairs. This dual status may be accidentally reflected in the play when it is a Princess who visits the King of Navarre, because the play also uses the speech prefix ›Queene‹ in acts II and IV (scene i line 13, and in stage directions at the beginning of act IV) ...

It so happens that in real life the Duc de Longueville was married to a Marie de Nevers; we might note that in the play Longaville is paired with Maria. And curiously the historical King of Navarre had a sister Katherine who was related to the d'Alençon line... That may be something the Katherine of the play alludes to when she says of Dumaine:

Katherine: I saw him at the Duke Alençon's once. II.i.61

On the other hand, Marguerite de Valois and her ladies had visited her brother the Duc d'Alençon in 1578, and the playwright might be referencing that visit instead. A historical equivalent for Rosaline isn't obvious, but in the play it is she who mentions Brabant. Liege was just inside the area known as Brabant, and a place the real Princess visited on tour in 1578. And Rosaline is paired with Berowne and has this exchange:

Berowne: Did I not dance with you in Brabant once?
Rosaline: Did I not dance with you in Brabant once?

II.i.114-5

Repetition is usually significant in Shakespeare. There are therefore potentially ten historical personages reflected in the play.« (Jolly)

Die zeitgenössische Historie ist in LLL allgegenwärtig. Die Parallelen und Anspielungen (die erwähnten sind nur eine Auswahl) wirken in ihrer Gesamtheit wie ein historisches Vexierspiel, bei dem dem höfischen Publikum der 1590er Jahre Bekanntes in veränderter, humoristisch umgewandelter Gestalt vorgehalten wird. So etwa in II, i, 95-98, wo sich die beiden Gruppen auf offenem Feld begegnen. Dies spielt an auf »die Unterhandlungen in Nérac im August 1579 zwischen dem Protestanten Heinrich von Navarra, Marguerita, seiner katholischen Königin und ihrer Mutter Katharina de'

Medici, die es Heinrich und Katharina ermöglichten, ihre Eheverhandlungen fortzusetzen. ... weder konnte Heinrich eine katholische Stadt betreten noch seine Frau eine protestantische, also mußten sie sich auf freiem Gelände treffen.« (Malim 99f., vgl. II, i, 95-98) Ein Spiel mit Assoziationen, die sehr real sind, bezogen auf einen Zeitraum, der 1598 jedoch in der Regel schon 10 bis 20 Jahre zurückliegt.

Ein Literaturstreit

Die Nebenhandlung in LLL ist eine Satire, die ihre Komik aus der Skurrilität der handelnden Figuren bezieht. Anders als bei den Rüpelszenen des *Mittsommernachtstraums* ist hier der Bezug zu realen Personen sehr konkret. Daß sich hinter Moth, der von Armado als »my tender Iuuenall« (I, ii, 7) eingeführt wird, der Satiriker Thomas Nashe verbirgt, wird auch von den orthodoxen Editoren nicht bestritten. Wenn Nashe eindeutig »gemeint« ist, so müßte auch sein Gegenpart (erst Verbündeter, dann Gegner) zu finden sein, der im Zentrum eines ausufernden realen Literaturstreits stand, der sich von 1579 bis mindestens 1594 hinzog: Gabriel Harvey. Dieser wird, wenn auch weniger häufig und unumstritten, mit Armado in Verbindung gebracht.

Armado enthält schon in seinem Namen (»der Herr der Armada«) eine antispanischen Klang; zusätzlich wird als sein mögliches Vorbild auf einen Antonio Pérez verweisen, der zu jener Zeit am Hofe auftauchte und womöglich eine Art realer *miles gloriosus* gewesen sein könnte (Gilvary 108). In diesem Fall jedoch gleich von »Identifikation« zu reden (Gilvary 110) wäre kurzsichtig; eine literarische Realsatire kann durchaus mehrere Personen zu einer zusammenfassen oder in mehrere aufspalten. Harvey wiederum, wenn er denn einmal lokalisiert ist, liefert ebenfalls reichhaltiges Material für den Pedanten Holofernes (s. u.).

Die erstaunlichste der zahlreichen Parallelen zu Harvey findet sich in folgender Stelle:

»Von den *Three Letters* [Harveys] aus dem Jahr 1580 handelt einer von dem Erdbeben im Frühling desselben Jahres. Die Erklärung wird nach dem Schema der antiken Rhetorik behandelt, so wie es ein damaliges Standardwerk dem römischen Rhetor Quintilian zuschrieb: ›i. What is doen. ii. By whome. iii. Against whome. iiii. Upon what mynde. v. At what tyme. vi. In what place. vii. After what sorte. viii. How much he would have doen.‹ Und so rückt Harvey den Ursachen des Erdbebens zu Leibe: ›by the consideration, & comparison of Circumstances, the tyme when: the place where: the qualities, and dispositions of the persons, amongst whom such an Ominous token is given‹. ... Soweit wir wissen hat außer Harvey kein anderer Zeitgenosse versucht, ein Naturereignis mit dem Instrumentarium der Rhetorik zu analysieren... außer Shakespeare in Armados Briefen.« (Detobel IV, 115)

Robert Detobel hat in einer Reihe von Aufsätzen den gesamten Literaturstreit aufgearbeitet und dabei zahlreiche Parallelen entdeckt, neue Zusammenhänge aufgeschlüsselt und insgesamt ein reiches Material ausgebreitet (das dann auch Kurt Kreiler für seine Biographie benutzt hat):

»Don Armado weist einige Züge auf, die nicht zum ›miles gloriosus‹ gehören, zum Beispiel seine Rhetorik, seine Liebe für Neologismen, ein Vokabular, das zweistimmig von Thomas Nashe in seinen Polemiken und von Shakespeare in Don Armado verspottet wird. Die partielle Identifizierung Harveys als Armado und Holofernes birgt für die Orthodoxie eine nicht geringe Gefahr in sich. In *Liebes Leid und Lust* läßt Shakespeare Holofernes über eines seiner Gedichte, im Stück ein Gedicht Berownes, sagen: ›Ovidius Naso war der Mann: und nicht umsonst Naso, denn er roch die wohlduftenden Blumen der Phantasie, die Blitze der Erfindung‹ (IV. ii. 123-125). Pflichtbewußt weist die Arden-Ausgabe darauf hin, daß sich das gleiche Wortspiel ›Nase wie Naso‹ bei Gabriel Harvey findet, unterläßt jedoch den Hinweis, daß es sich in dem Spottgedicht Harveys auf Edward de Vere findet. Wir haben also die Parallele zwischen Stück und Wirklichkeit: hier Holofernes' Kritik an einem Gedicht Berownes, das, niemand wird es bezweifeln können, in der Realität ein Gedicht Shakespeares ist, aber in der Realität ist das Wortspiel möglicherweise einem spöttischen Gedicht Harveys über Edward de Vere entnommen. Der Große Anwesende Edward de Vere nimmt den Platz des Großen Abwesenden Shakespeare ein. ...

Nashe schimpft Harvey zudem einen ›letter-munger‹, einen Briefkrämer, der ›nunmehr im fünfzehnten Regierungsjahr seiner Rhetorik‹ sei und dem Drucker Geld gebe für seine Pamphlete, statt, wie üblich, sich von diesem bezahlen zu lassen.

Mit einem Brief wird Don Armado bei Shakespeare in der ersten Szene des ersten Aktes eingeführt. Einen Brief läßt Armado auch in der ersten Szene des vierten Aktes bringen. Und um das Zwanghafte des Briefkrämers pantomimisch zu unterstreichen, läßt er Don Armado gegen Ende des Stückes in der zweiten Szene des fünften Aktes ein Papier überreichen, über dessen Inhalt weiter nichts mehr mitgeteilt wird. Die beiden anderen Briefe weisen nun markante Übereinstimmungen mit Harveys veröffentlichten Briefen auf.« (III, 112ff.)

Diese Perspektive erklärt eine Menge sonst unverständlicher Anspielungen wie z. B. den Spottvers ab III, i, 79 (vgl. die ausführliche Anmerkung dazu). LLL mag, wie Detobel vermutet (I, 65 u.ö.), eine Antwort auf Nashes Aufforderung gewesen sein, ihm im Streit mit Harvey beizustehen. Das reduziert das Stück natürlich nicht zum Kontra-Harvey-Schlüsselstück; mit ein paar Witzen am Rande ist auch dieser Prahler aus seiner Rolle zu bringen (*Peda. Iudas I am.* V, ii, 633). Ein übergreifender Aspekt, der alle Teile des Dramas zusammenhält, wäre das Thema Bildung: Pedanterie vs. die umfassendere Bildung, die die »Akademiker« anstreben. Schon Looney ist aufgefallen: »The whole spirit of the play is hostile to that merely bookisch learnedness which is typified by scholars like Gabriel Harvey.« (243)

Ein Stück über Bildung

Die umfangreichen Studien von T. W. Baldwin zu Shakespeares Schulbildung sind Basis der gängigen Lehrmeinung, daß er seine Bildung dem Standard-Curriculum der zeitgenössischen Grammar School (z. B. Mantuanus *Ecloges*) verdankt. Hauptbeleg Baldwins ist dabei der Pedant (ein von Shakespeare eingeführtes italienisches Lehnwort) Holofernes (der Name spielt auf Harvey an, vgl. Anm. zu IV, ii, 1): »Baldwin zitiert ihn mehr als jeden anderen Charakter aus den Stücken, aus dem offensichtlichen Grund, daß er am besten zu Zitaten, Redewendungen und Mataphern paßt, die sich auf klassische Bildung beziehen und demnach für Baldwin die Ausbildung des Verfassers an der Grammar School reflektieren.« (Fox 88) Robin Fox weist in seiner Studie die Grundannahmen Baldwins zurück. Ein Streitpunkt in dieser Debatte ist die Bewertung der falschen Schreibweise fremdsprachiger, insbesondere lateinischer Zitate, die Holofernes in den Mund gelegt werden. Falsche Grammatik kann an sich nicht dem Drucker angelastet werden; moderne Editoren lasten solche Differenzen mit dem Standardargument »compositional error rather than an authorial joke ... clearly the result of compositional error« (AE 193) daher häufig dem Verfasser an – ein deutliches Bekenntnis zum Prinzip »es kann nicht sein, was nicht sein darf«, denn eine bewußte Verballhornung würde auf eine überlegen-herablassende Haltung des (vermeintlich klassisch wenig gebildeten) Autors gegenüber dem schlichten Lateinlehrer schließen lassen.

»But the Holofernes line [IV, ii, 96f.] makes a kind of weird sense and would have raised a laugh from any ex-schoolboys (or others tutored in Mantuan) in the audience. Most editors since Rowe and Pope have ›corrected‹ the line ... when quoting it, thinking the copier or printer made an error, and many errors were indeed made. The Folio printer confused Holofernes and Nathaniel, for example, but he is not likely to have mistakenly put *Facile* for *Fauste*. It seems obvious that the author meant it to be a joke, like the schoolboy howler: ›All Gauls are divided into three parts.‹« (Fox 90)

Sowohl der Drucker von Q als auch die Herausgeber von F (darunter der ausgesprochen gelehrte Ben Jonson) haben die verballhornten Lesarten exakt übernommen. Das gilt auch für das Sprichwort »Venetia, Venetia, chi non ti vede, non ti pretia«, dessen verballhornte Urfassung (IV, ii, 98f.) in Q und F übereinstimmen.

»I wonder if the author again did not mean it to be a clear signal for the pedant's pseudo-learning. If so, for what audience was the joke intended: one that knew Italian? Holofernes continues by citing an authority, Horace, for nothing in particular, then does his signature redundant iteration ›a staff, a stanza, a verse‹ and tells Nathaniel, in Latin, to read the letter. His character is summed up in this passage. But it is not really the character of a schoolmaster as such... It is closer to the character of the pedant or doctor found in the Italian improvisatory theater of the *Commedia dell'Arte*: Il Dottore. ...

Il Dottore, or Doctor Gratiano, or Baloardo, or Balanzone, is one of the old men of the *Commedia* who are lusty and foolish and thwart the path of true love of the young lovers, Arlequino and Columbine. Il Dottore is repetitious, talks largely malapropic nonsense with a battery of phony learning, misquotes authorities and mangles his Latin, while tripping around in little figure-of-eight steps. (As they say, ›you had to be there.‹) The author of *Love's Labor's Lost* may well have used the figure to satirize the self-important English educationalists of his day – although no one has been able to pin down a culprit. ... For our purposes it is enough to note that Holofernes does not seem to be a representative English schoolmaster at all, even though his knowledge of the classics would overlap. ... Baldwin ... shows in almost alarming detail how much of the verbal by-play in the comedies can be disentangled only as witty commentary on the tropes and figures of rhetoric contained in Susenbrotus.

Such passages are the despair of modern producers and are often simply omitted. *Love's Labor's Lost* in particular has a bewildering cascade of such by-play with Holofernes and Dull, Moth, Armado and Costard disputing on enigmas, allegories, simile, antiphrasis and hyperbole. Armado (cast as the master) engages in a verbal duet with Moth (cast as the pupil) on the stock figure of *plumbo stupidior*: the slowness of lead. Moth so pleases his master with his ingenuity (›Is that lead slow which is fired from a gun?‹) that Armado exclaims in delight: ›Sweet smoke of rhetoric!‹ (Act III, Scene 1) Baldwin can only find this figure in the school texts of Erasmus and his conduit Susenbrotus.« (Fox 91ff.)

Tatsächlich übt Holofernes nur eine untergordnete Funktion als »hornbook teacher« (Fox 104) aus, ein Lehrer an der *Petty School* – einer Art Vorschule, in der die Kinder das Alphabet lernten mußten, um zur Grammar School zugelassen zu werden – und Baldwins Versuch, die Quelle von Shakespeares Bildung ausgerechnet an dieser Stelle (oder beim Dorfpfarrer Nathaniel) zu suchen, ist geradezu absurd:

»Technically, what Holofernes runs is indeed a Petty School, and part of the fun of his character is that his pretension to learning ridiculously outstrips the demands of his humble calling. Baldwin is caught between acknowledging this and at the same time trying to paint him as the consummate Petty School master. He can't have it both ways. Petty School teachers were only required to be minimally literate themselves in order to teach letters to youngsters« (Fox 104)

Dennoch (bzw. gerade deshalb) ist LLL ein Stück, in dem das Thema Bildung eine zentrale Rolle spielt; das Wort study/studie wird im Text von LLL sehr häufig (30 mal) gebraucht; ähnlich häufig ist etwa von »learning« die Rede – das Zusammenstellen und Verstehen der in diesen Stellen dargestellten Zusammenhänge definiert die Gesamtheit dieses Werkes. Die Kernstellen sind dabei leicht markiert:

Learning is but an adiunct to our selfe, (IV, iii, 324)
How well hees read to reason against reading. (I, i, 97)

etc. – die *éducation sentimentale* des Stückes sollte jedem Leser/Zuschauer ohne lange Erörterungen begreifbar sein. Sie findet unbestreitbar in einer höfisch-aristokratischen Welt statt, in Oxfords Welt, nicht in Stratford.

Datierung

Jan Cole gibt einen Überblick mit Anhaltspunkten zur chronologischen Einordnung des Stückes:

»February 1576 - 1579

Henri III established his Palace Academy ...

Sept 1578 - February 1579

A conference was held at the Protestant Navarre court of Nérac to negotiate peace between Catholics and Protestants, and to reunite the estranged Henri de Navarre and his wife, Marguerite de Valois. Interestingly, at exactly the same time a French entourage was at the English court to negotiate a marriage between Elizabeth I and François duc d'Alençon, then heir to the French throne. The marriage was eventually abandoned in the early 1580s.

Nov 1582 – June 1583

A Russian delegation came to the English court to negotiate a marriage between Tsar Ivan and Mary Hastings, daughter of the Earl of Huntingdon. Either she or her sister, Elizabeth, had been the original choice (of Oxford's father) as a wife for Edward de Vere before 1562. The Russian marriage was abandoned. To this event we can compare the ›Masque of Russians‹ in the play.

Autumn 1591 – 1593

Elizabeth I sent the Earl of Essex and 4,000 soldiers to France to support Henri IV against the Catholics, but he finally converted to Catholicism out of necessity in 1593. At Henri IV's request the English troops were placed under Biron's orders. The names of Biron, du Mayenne and Longuaville occur frequently in the English ambassador's letters at this time. ... To these dates we can add

December 1597 to January 1598,

Henri IV's ambassador, André Hurault, sieur de Meisse was at the English court. In his journal (Ogle, 1866) he mentions plays put on at court, but whether he actually saw this play is not known. It was performed then and published soon after.«

Anhand dieser Angaben wird man den Prozeß von den Ereignissen zu ihrer Aufnahme und Verarbeitung im aufgeführten Stück nachvollziehen können, ohne sich auf ein alleiniges Entstehungsjahr festlegen zu müssen.

Darüber hinaus ist die literarische Qualität des Stückes nüchtern einzuschätzen: »it bears unmistakable evidence of the most painstaking labour« (Looney 393). Diese Einordnung sollte vereinbar sein mit einer wie auch immer begründeten Auffassung von einer Entwicklung des Shakespeareschen Werkes. So könnte man z. B. über die Reimfülle in LLL neu nachdenken. Häufigkeit von Reimen wird gerne als Indiz für »frühe« Entstehung genommen – als wäre es eine Art von jugendlicher Unreife, kunstvolle Verse zusammenzubauen und von weiser Alterseinsicht, schlichte Prosa zu benutzen. Ein Blick auf die von Chambers zusammengestellte Vergleichsliste (Gilvary 486) zeigt, wie sehr sich durchgehend versifizierte Stücke als auch Stücke mit auffallend hohem Reimanteil »chronologisch« vermischen lassen.

LLL ist auf jeden Fall hohe Kunst, und dies sozusagen *ab ovo*, denn wie auch immer man argumentiert, es bleibt kaum Zeit für noch frühere Entstehungszeiten, wenn man denn am Stratforder Verfasser festhalten will.

Uwe Laugwitz

Literatur

(AE) Woudhuysen, H. R. (Hrsg.): Love's Labour's Lost. London/ New York 1998. (The Arden Shakespeare, Third Series)

(Anderson) Anderson, Mark: ›Shakespeare‹ By Another Name. New York 2005.

(Chiljan) Chiljan, Katherine: Shakespeare Suppressed. San Francisco 2011

(Cole) Cole, Jan: Oxford's Navarre. *De Vere Society Newsletter* January 2015

(Detobel I) Detobel, Robert: Ein Groschen Weisheit oder ›The Importance Of Being Honest‹. *Neues Shake-speare Journal* 1, 39-75 (1997)

(Detobel II) Detobel, Robert: Zur Verfasserschaft von *Greenes Groatsworth of Wit. Neues Shake-speare Journal* 1, 25-65 (1998)

(Detobel III) Detobel, Robert: Neue Spuren zu Shakespeare. *Neues Shake-speare Journal* 3, 110-150 (1999)

(Detobel IV) Detobel, Robert: Eine Widmung. *Neues Shake-speare Journal* 4, 72-116 (1999)

(Detobel VI) Detobel, Robert: Der 22. Juli 1598: Ein Tag in der Geschichte der Stationers' Company. *Neues Shake-speare Journal* 6, 10-66 (2001)

(Fitzgerald) James Fitzgerald: Shakespeare, Oxford und *A Pedlar. Neues Shake-speare Journal* 8, Buchholz i.d.N. 2003

(Fox) Fox, Robin: Shakespeare's Education. Buchholz i.d.N. 2012

(Gilvary) Gilvary, Kevin (Hrsg.): Dating Shakespeare's Plays: A Critical Review of the Evidence. Tunbridge Wells 2010.

(Hope) Hope, Warren: Lears Cordelia, Oxfords Susan und Manninghams Tagebuch. *Neues Shake-speare-Journal* 2, 66-71 (1998)

(Jolly) Jolly, E. M.: Shakespeare: the French Connection: *Love's Labour's Lost. De Vere Society Newsletter* April 2015

(Kreiler) Kreiler, Kurt: Der Mann, der Shakespeare erfand. Frankfurt/M. 2009

(Looney) Looney, John Thomas: ›Shakespeare‹ Identified in Edward de Vere, Seventeenth Earl of Oxford. New York/London 1975

(Magri) Magri, Noemi: Such Fruits of Italy. Buchholz i.d.N. 2014

(Malim) Malim, Richard: The Earl of Oxford and the Making of »Shakespeare«. Jefferson, North Carolina, London 2012

(Malim 2014) Malim, Richard: Who Really Won the Tennis Court Quarrel?, *De Vere Society Newsletter* 10/2014

(MSDN) Ein Mittsommernachtstraum/A Midsommer nights dreame. Buchholz i.d.N., 2014

(Ogburn) Ogburn, Charlton: The Mysterious William Shakespeare. McLean 1992

(Othello) Die Tragödie von Othello, dem Mohren von Venedig/ The Tragedie of Othello, The Moore of Venice. Buchholz i.d.N., 2014

(Sams) Sams, Eric: The Real Shakespeare. New Haven 1995

(Vere) Edward de Veres Lyrik. *Neues Shake-speare Journal* 8, Buchholz i.d.N. 2003

(Wagner) Wagner, Gerold: Veröffentlichungen in Vorbereitung für *Neues Shake-speare Journal* N.F. 5

Steckels Shake-Speare
Editionsplan

The Life of Tymon of Athens/Timon aus Athen (2013)

The Tragedie of Macbeth/Die Macbeth Tragödie (2013)

The Tragedie of Anthony and Cleopatra/Antonius und Cleopatra (2013)

The Tragœdy of Othello, the Moore of Venice/Die Tragödie von Othello, dem Mohren von Venedig (2014)

A Midsommer Nights Dreame/Ein Mittsommernachtstraum (2014)

As you Like it/Wie es euch gefällt (2014)

Loues Labour's lost/Verlorene Liebesmüh (2015)

★ ★ ★

The Life and Death of King John/Leben und Sterben des Königs John

The Tragedie of Cymbeline/Cymbeline

The Raigne of King Edward the third/Die Regierung des Königs Edward III.

The Tragedie of King Richard the second/Die Tragödie von König Richard II.

Twelfe Night, Or what you will/Die zwölfte Nacht oder Was ihr wollt

The most lamentable Tragedie of Romeo an Iuliet/Die Tragödie von Romeo und Julia

The Tragedie of Hamlet, Prince of Denmarke/Die Tragödie von Hamlet, Prinz von Dänemark